Martin Hobmeier

Kinder feiern das Kirchenjahr

Martin Hobmeier

Kinder feiern das Kirchenjahr

Kurzimpulse für Kindergarten und Grundschule

Mit Illustrationen von HOBSE (Andreas Hobmeier)

Lahn-Verlag, Limburg – Kevelaer

Bibliografische Information Der Deutschen Bibliothek

Die Deutsche Bibliothek verzeichnet diese Publikation in der Deutschen Nationalbibliografie; Detaillierte bibliografische Daten sind im Internet über http://dnb.ddb.de abrufbar.

everlags gruppe engagement

Umschlaggestaltung: Elisabeth von der Heiden, Geldern
Satz: Schröder Media GbR, Dernbach
Druck: Koninklijke Wöhrmann, NL-Zutphen
Printed in The Netherlands

ISBN 10: 3-7840-3342-3
ISBN 13: 978-3-7840-3342-6

Inhalt

Vorwort

Liebe Leserin, lieber Leser,
vielleicht sind Sie als Erzieherin/Erzieher oder als Religionslehrerin/Religionslehrer tätig, als Katechetin/Katechet für die Kindergottesdienste in Ihrer Gemeinde verantwortlich oder möchten mit Ihren eigenen Kindern kirchliche Feste zu Hause gestalten und feiern.
Die Fragen, die Sie sich sicher alle stellen, lauten: Wie kann ich den Kindern das Kirchenjahr mit seinen Festen und seinem immer wiederkehrenden Rhythmus nahe bringen? Wie können die Kinder die Inhalte der Festtage gedanklich erfassen und als Einzelne/r und mit der Gruppe auch im Tun erleben?
Während meiner langjährigen Tätigkeit als Dozent in der Erzieherinnenausbildung war das immer wieder ein wichtiges Thema.
Das hier vorliegende Werkbuch ist aus der Praxis entstanden. Es bietet zu den Festen im Kirchenjahr, Festen bekannter Heiliger, zur Taufe, den Festen der Gottesmutter Maria, zum Namenstag, Muttertag und Halloween Anregungen für eine kreative Festgestaltung.
Ein Wort aus der Bibel leitet in den Grundgedanken des Festes ein. Eine kurze Erläuterung zum Hintergrund, zur Geschichte und Entstehung des Festes gibt Sicherheit bei Fragen der Kinder. Dann folgt jeweils ein Vorschlag zum gemeinsamen kreativen Tun: Meditationen, Ausflüge und Feste werden vorbereitet und in der Gruppe – vielleicht auch einmal mit Eltern, Geschwistern und Großeltern – erlebt. Ein Gebets- und Liedvorschlag runden jede Einheit ab.
Die Illustrationen zu den Festen stammen von HOBSE, meinem Sohn Andreas Hobmeier.
Das Feiern kirchlicher Feste ist ein ganz wichtiger Bestandteil religiöser Erziehung. Ich wünsche Ihnen, dass Sie mit Hilfe der Anregungen in diesem Buch viele erfüllte Momente und frohe Feste gemeinsam mit den Ihnen anvertrauten Kindern erleben dürfen.

Martin Hobmeier

Der Weihnachtsfestkreis

Sie wird einen Sohn gebären; ihm sollst du den Namen Jesus geben.

Matthäusevangelium 1,21

Zum Weihnachtsfestkreis gehören: Advent, Weihnachten und das Fest Erscheinung des Herrn. Im Advent bereiten wir uns auf die Geburt Jesu vor, an Weihnachten feiern wir seine Geburt und am Fest Erscheinung des Herrn (griech. *Epiphanias)*, dem »Dreikönigstag«, verehren wir ihn wie damals die Weisen aus dem Morgenland und feiern seine Ankunft in der Welt.
Dieser Festkreis, der in vielen Ländern gefeiert wird, ist eine Zeit der Hoffnung. Jesus will jedem Menschen eine Hoffnung geben.
Der Christbaum und die Weihnachtskrippe sind zwei von vielen Bräuchen an diesen Tagen.

Vorbereitung:

Auch die Kinder fühlen die aufkommende Hektik vor Weihnachten. Viele helle Lichter blenden uns und sollen uns in die Stimmung zum Fest bringen. Wir aber wollen uns gerade in dieser Zeit besinnen. Dazu bereiten wir als Meditation einen Spaziergang in einer Winterlandschaft vor. Die Kinder überlegen gemeinsam mit der Pädagogin/dem Pädagogen, was sie für so einen Spaziergang benötigen: warme Kleidung, Mütze, Schal und Handschuhe. Es schneit in kleinen, feinen Flocken; überall liegt Schnee – auch auf dem großen Tannenbaum, der vor dem Haus steht und an dem einige Lichter brennen. Es ist still: Keine anderen Menschen sind zu sehen, keine Autos fahren. Die Kirchturmuhr schlägt und in der Ferne schreit eine Krähe.
Die Kinder üben mit der Pädagogin/dem Pädagogen ein Lied ein, mit dem die Meditation beendet werden soll. Die Tische und Stühle werden an den Rand des Gruppenraums

gestellt und auf dem Boden Decken ausgebreitet. In die Mitte des Raumes wird eine Kerze gestellt, die zur Meditation eine ruhige Stimmung verbreitet; leise Musik läuft im Hintergrund.

Meditation:

Leise Hintergrundmusik; alle Kinder legen sich auf die Decken. Die Lampen werden gelöscht und die Kerze angezündet. Die Pädagogin/der Pädagoge bittet die Kinder still zu werden und die Augen zu schließen. Langsam und mit leiser Stimme erzählt sie/er den vorbereiteten Winterspaziergang. Am Ende dieses Spaziergangs sehen die Kinder eine Krippe mit der Heiligen Familie. Dann bleibt es längere Zeit ganz still.
Die Pädagogin/der Pädagoge bittet die Kinder die Augen langsam zu öffnen, Arme und Beine zu bewegen und sich dann langsam aufzurichten. Mit dem Lied wird die Meditation abgeschlossen.

Gebet:

Lieber Gott, ganz ruhig sind wir geworden.
Der Winterspaziergang hat uns gut gefallen.
Ruhig möchten wir auch die kommenden Tage verbringen.
Das ist ein Geschenk, das wir unseren Eltern machen wollen.

Lied:

Zeit für Ruhe

Advent

Auf, werde licht, denn es kommt dein Licht.

Jesaja 60,1

Am ersten Advent beginnt das Kirchenjahr. Der Advent ist für die Christen die Zeit der Vorbereitung auf Weihnachten. Advent bedeutet »Ankunft«: Diese Zeit lädt zu Umkehr und Besinnung ein; wir bereiten uns auf das Kommen Jesu vor. Mit der Adventszeit sind viele Bräuche verbunden. Die am Barbaratag (4. Dezember) geschnittenen Zweige blühen zur Geburt Jesu, der Adventskranz begleitet uns mit seinem nach und nach immer helleren Kerzenschein durch diese ruhigen Tage.

Vorbereitung:

Die Kinder sitzen auf Stühlen im Kreis. Der Gruppenraum wird abgedunkelt, leise Musik läuft im Hintergrund. Eine Kerze wird in die Mitte des Kreises gestellt. Die Pädagogin/der Pädagoge bittet die Kinder mit ruhiger Stimme leise zu werden und zündet die Kerze an. Die Kinder schauen auf die Kerze. Sie ist die einzige Lichtquelle im Raum. Die Pädagogin/der Pädagoge fragt, wo Kerzen Licht spenden und eine Lichtquelle sind. Die Kinder äußern sich dazu.
Kerzen brennen auch auf dem Adventskranz. Gemeinsam mit den Kindern gestaltet die Pädagogin/der Pädagoge einen Adventskranz. Die Kinder helfen dabei die Tannenzweige zu binden. Dann wickeln sie ein buntes Band um den Kranz und befestigen vier Kerzen.
Auf einem Gang in den Garten der Einrichtung schneiden die Kinder Zweige von den Sträuchern. Die Pädagogin/der Pädagoge erzählt den Kindern die Geschichte von der heiligen Barbara und erklärt den Brauch der »Barbarazweige«. Die heilige Barbara hatte während ihrer Gefangenschaft

einen Zweig mit Tropfen aus ihrem Trinkbecher benetzt und der Zweig blühte.
Gemeinsam stellen die Kinder und die Pädagogin/der Pädagoge die Zweige in eine Vase mit warmem Wasser und stellen sie in den Gruppenraum. Bis Weihnachten werden die Zweige blühen.

Adventsfeier:

Die Feier findet als Meditation statt. Die Kinder sitzen auf Stühlen im Gruppenkreis. Es läuft leise Musik. In der Mitte des Kreises liegt der Adventskranz, daneben steht die Vase mit den Barbarazweigen. Ein Kind zündet die erste Kerze an. Die Pädagogin/der Pädagoge spricht über die Zeit des Advent. Dann sagt jedes Kind seinen Wunsch für die kommenden Tage.
Die Barbarazweige werden betrachtet. Bereits jetzt werden die ersten offenen Knospen entdeckt. Ein Lied verbindet Licht und Wachstum.

Gebet:

Lieber Gott, mit deinem Licht können wir alles hell sehen.
Dein Licht schenkt uns Wärme in der kalten Jahreszeit.
Wir bitten dich uns zu helfen, auch selbst ein Licht zu sein.

Lied:

Wir sagen euch an den lieben Advent

Fest des heiligen Nikolaus (6. Dezember)

Die Augen Gottes schauen auf das Tun des Menschen, er kennt alle seine Taten.

Jesus Sirach 15,19

Der heilige Nikolaus war im 4. Jahrhundert Bischof in der Hafenstadt Myra in der heutigen Türkei. Er war ein Freund aller Menschen, der viel Gutes tat. Zahlreiche Legenden erzählen davon. Sein Festtag ist mit vielen regionalen Bräuchen verbunden, z. B. beschenkt ein verkleideter Nikolaus, begleitet von Knecht Ruprecht, die Kinder.

Vorbereitung:

Die Pädagogin/der Pädagoge legt in die Mitte des Stuhlkreises eine Bischofsmütze, einen Bischofsstab und einen Bischofsmantel. Die Kinder betrachten die Gegenstände und sprechen darüber. Die Pädagogin/der Pädagoge spricht vom heiligen Nikolaus, erzählt einige Legenden, z.B. vom Kornwunder. Es war eine gute Tat, die der heilige Nikolaus vollbracht hat. Die Pädagogin/der Pädagoge nimmt ein großes Brot in die Hand und teilt es mit den Kindern.
Gemeinsam mit den Kindern übt sie/er ein kurzes Nikolausgedicht. Dies können die Kinder dann auch zu Hause oder in der Einrichtung aufsagen, wenn der verkleidete Nikolaus kommt.
Die Pädagogin/der Pädagoge singt mit den Kindern Nikolauslieder – vielleicht auch mit Gesten und Instrumenten – und bastelt zum Nikolaustag einen Nikolausstiefel. Die Kinder bringen einen alten Gummistiefel mit, der beklebt, bemalt und später dann auch gefüllt wird.
In vielen Regionen ist es Brauch, dass Knecht Ruprecht den Nikolaus zu den Kindern begleitet. Die Gestalt des Knecht

Ruprecht macht vielen Kindern Angst. Die Pädagogin/der Pädagoge erklärt den Kindern, dass er kein böser Mann ist, sondern ein beschützender Begleiter, der den Sack mit den Geschenken für die Kinder trägt.

Feier am Nikolaustag:

Die Kinder und Eltern erwarten den Nikolaus und seinen Begleiter. Zwei den Kindern bekannte Männer kommen in den Gruppenraum. Die Kleidung liegt schon bereit. Die Kinder dürfen nun beim Ankleiden helfen. Gemeinsam wird ein Lied gesungen. Die Kinder tragen ein Gedicht vor. Der verkleidete Nikolaus bittet jedes Kind zu sich und spricht freundlich mit ihm. Der verkleidete Knecht Ruprecht beschenkt es. Mit einem Lied verabschieden sich die Kinder von den beiden.

Gebet:

Lieber Gott, der heilige Nikolaus war ein guter Mann.
Er half vielen Kindern und machte sie glücklich.
Wir danken dir dafür.

Lied:

Nikolaus, komm in unser Haus

Fest der heiligen Luzia (13. Dezember)

Der Herr ist mein Licht und mein Heil:
Vor wem sollte ich mich fürchten?

Psalm 27,1

Die heilige Luzia wurde um das Jahr 300 nach Christus auf Sizilien geboren. Sie entstammte einer reichen Familie und glaubte an Christus. Zu dieser Zeit wurden die Christen verfolgt, verhaftet und getötet. Deshalb trafen sie sich heimlich in den Katakomben zum Gottesdienst oder versteckten sich dort. Die Legende erzählt, dass die heilige Luzia diese Menschen mit Lebensmitteln versorgte. Um die Hände zum Tragen und Verteilen der Speisen frei zu haben, setzte sie sich einen Kranz aus Lichtern auf den Kopf. Luzias Eltern wollten sie mit einem reichen Mann verheiraten. Luzia aber wollte Menschen in Not helfen und auf allen Reichtum verzichten. Sie löste die Verlobung. Aus der Liebe des Mannes wurde Hass. Er verriet sie an den Kaiser und dieser ließ Luzia hinrichten.

Vorbereitung:

Ein Teller, auf dem vier Kerzen brennen, symbolisiert die heilige Luzia.
Das erste Licht heißt *Vertrauen.* Es brennt, wenn Menschen freundlich zueinander sind. Das zweite Licht heißt *Freude.* Es brennt, wenn Menschen fröhlich sind.
Das dritte Licht heißt *Frieden.* Es brennt, wenn Menschen friedlich miteinander leben. Das vierte Licht heißt *Hoffnung.* Das Licht brennt immer, weil die Menschen hoffen, dass alles gut wird.
Die Kinder werden in vier Kleingruppen eingeteilt. Das Spiel »Licht der Hoffnung« wird eingeübt.

Feier der heiligen Luzia:

Ein Mann begegnet der heiligen Luzia und fordert sie auf, das Licht der Hoffnung auszulöschen: »Es ist ein schwaches Licht, lösch es aus!«
1. Gruppe: »Nein! Es ist das Licht der Hoffnung! Es brennt noch, weil es jeden Tag viele kleine Zeichen der Hoffnung gibt. Du brauchst nur darauf zu achten. Mach deine Augen und Sinne auf!«
2. Gruppe: »Dieses Licht der Hoffnung ist da, wenn es dir gut tut, dass am Morgen schon die Sonne scheint, und wenn du an deine Freunde denkst.«
3. Gruppe: »Dieses Licht der Hoffnung ist da, wenn du dich über eine Begegnung freust und dir jemand zulächelt.«
4. Gruppe: »Dieses Licht der Hoffnung ist da, wenn du auf Gott vertraust, wenn dir jemand ein Lob ausspricht.«

Gebet:

Lieber Gott, du bist uns nahe,
auch wenn wir es nicht immer spüren.
Dein Licht leuchtet für uns alle.
Lass uns, wie die heilige Luzia,
immer auf dich vertrauen
und das Licht der Liebe weiterschenken.

Lied:

Mache dich auf und werde licht

Die Weihnachtskrippe

So eilten sie hin und fanden Maria und Josef
und das Kind, das in der Krippe lag.

Lukasevangelium 2,16

Schon in der frühen Kirche waren Zeichnungen von der Geburt Christi bekannt. Die erste Krippe wie – wir sie heute kennen: mit Maria und Josef, dem Kind in der Krippe, Ochs, Esel und Hirten – entstand im Auftrag des heiligen Franziskus Weihnachten 1223 oder 1224 in einer Höhle bei Greccio. Es war eine lebende Krippe, Dorfbewohner stellten sie dar. Krippen in den Kirchen gibt es heute in der ganzen Welt. Sie sehen – je nach Region – jedoch ganz unterschiedlich aus.
Im Verlauf des Weihnachtsfestkreises wird die Krippendarstellung durch die Heiligen Drei Könige ergänzt. In der Regel bleiben die Krippen bis zum Fest Mariä Lichtmess (2. Februar) in den Kirchen aufgebaut.
Ausstellungen von Krippen sind teils während des ganzen Jahres zu besichtigen.

Vorbereitung:

Die Pädagogin/der Pädagoge und die Kinder schauen sich gemeinsam Krippen auf Bildern an. Die Pädagogin/der Pädagoge fragt die Kinder nach den Krippendarstellungen in ihren Familien. Dann lädt sie/er die Kinder ein, gemeinsam mit ihr eine Krippe anzufertigen.
Zunächst malen die Kinder eine Krippe nach ihren Vorstellungen. Nach deren Betrachtung wird festgelegt: Der Stall soll aus kleinen Steinen entstehen, die Figuren werden aus dickem Karton gefertigt.
Die Kinder sammeln Kieselsteine in unterschiedlichen Größen, Moos und Baumrinden. Auf einer Holzplatte (1 × 1 Meter) werden die Kieselsteine in Form einer offenen Höhle aufgeklebt. Auf die Holzplatte wird Moos gelegt. Aus kleinen

Holzstäbchen basteln die Kinder eine Krippe, einen Brunnen, ein Lagerfeuer, einen Bach und einen Zaun für die Schafe.

Die Kinder basteln die Krippenfiguren: Jede Figur wird auf dicken Karton gemalt, bemalt und ausgeschnitten. Auf der Rückseite der Figur wird eine Stütze angebracht. Dann wird sie in oder vor die Krippe gestellt. Den großen Stern, der über der Krippe hängt, malen alle Kinder gemeinsam. Ein Krippenspiel wird eingeübt.

Feier der Geburt:

Die Kinder, die Eltern und die Pädagogin/der Pädagoge versammeln sich um die Krippe. Die Pädagogin/der Pädagoge erzählt von der Geburt Christi. Alle singen ein Lied. Anschließend wird das Krippenspiel aufgeführt.

Nach den Weihnachtsferien:

Die Kinder versammeln sich mit der Pädagogin/dem Pädagogen um die Krippe. Die Kinder erzählen vom Weihnachtsfest in der Familie. Die Pädagogin/der Pädagoge erzählt nochmals von der Geburt Christi und spricht ein Gebet. Dann singen alle ein Lied.

Gebet:

Jesus, das Weihnachtsfest war sehr schön.
Wir danken dir dafür.
Heute wollen wir auch an die Menschen denken,
denen es nicht so gut geht wie uns.
Lass sie glücklich werden wie die Hirten,
die das Kind gesehen haben.

Lied:

Zu Betlehem geboren

Fest der Heiligen Familie

Steh auf, nimm das Kind und seine Mutter und flieh nach Ägypten; dort bleibe, bis ich dir etwas anderes auftrage.

Matthäusevangelium 2,13

Die Heilige Familie: Jesus, Maria und Josef. Im Evangelium wird nur kurz von ihrer Flucht nach Ägypten berichtet. Sie fliehen auf Anweisung eines Engels. König Herodes wollte keinen anderen König neben sich dulden und ordnete an, alle männlichen Kinder bis zum Alter von zwei Jahren in Betlehem zu töten.
Die Heilige Familie ist Vorbild der Grundzelle einer Gemeinschaft, Ort für die Erziehung von Kindern. Die Familie gibt Vertrauen, Geborgenheit und Sicherheit. Ein Kind, das sich auf seine Eltern verlassen kann, fühlt sich beschützt und aufgehoben. Wie ein Mensch sich in seinem Leben entwickelt, hängt grundlegend auch von den Erfahrungen ab, die er als Kind in seiner Familie gemacht hat.

Vorbereitung:

Die Kinder erzählen von ihrem Familienleben. Unterschiedliche Formen des Familienlebens werden deutlich. Die Pädagogin/der Pädagoge spricht von Familien, die aus anderen Ländern kommen oder in anderen Ländern leben: Viele Kinder sind mit ihren Familien auf der Flucht und/oder müssen hungern. Sie/er zeigt den Kindern Bilder von flüchtenden Familien. Darunter ist auch ein Bild von der Heiligen Familie auf der Flucht nach Ägypten. Die Pädagogin/der Pädagoge erzählt den Kindern von der Aufforderung des Engels und König Herodes.
Die Kinder erzählen, was sie von Familien auf der Flucht wissen. Die Pädagogin/der Pädagoge hält die Gedanken fest. Dann erarbeitet sie/er gemeinsam mit den Kindern

den Begriff »Fremde«: Wo sind die Kinder Fremde? Was heißt das, in der Fremde zu sein?
Auf einem Blatt zeichnen die Kinder das, was sie über Familien in der Fremde wissen oder über Familien, die bei uns zugezogen sind.

Feier zum Fest der Heiligen Familie:

Mit einem gemeinsamen Lied beginnt die Feier. Dann malt jedes Kind ein Bild von der Heiligen Familie. Die Pädagogin/der Pädagoge hat ein großes Bild von der Heiligen Familie mitgebracht. Dann malen die Kinder ein Bild von einer Familie, die kein Zuhause hat. Die Kinder erzählen davon, was sie über Familien auf der Flucht und dem Leben in der Fremde erfahren haben. Sind Kinder aus anderen Ländern in der Gruppe, dürfen sie Wünsche vortragen, die ihnen helfen, keine Fremden mehr zu sein.

Gebet:

Lieber Gott,
wir können sicher mit unseren Familien leben.
Dafür danken wir dir.
Viele Kinder sind aber mit ihren Familien auf der Flucht,
haben Hunger oder leben in einem für sie fremden Land.
Hilf ihnen, dass auch sie sich sicher und geborgen fühlen
können.

Lied:

Ein Kind kommt aus Betlehem

Namenstag

Ich habe dich beim Namen gerufen.

Jesaja 43,1

Die Feier des Namenstages ist ein katholischer Brauch. Der Namenstag ist der Tag im Jahr, an dem der Namenspatron seinen Gedenktag im Heiligenkalender hat, in der Regel ist dies sein Todestag. Manche katholische Christen feiern nur den Namenstag, nicht den Geburtstag.

Vorbereitung:

Die Kinder basteln mit der Pädagogin/dem Pädagogen einen Namenstagskalender. Gemeinsam basteln sie aus Tonkarton eine große Blume mit zwölf Blütenblättern. In jedes Blütenblatt wird ein Monatsname geschrieben. Die Kinder haben je ein Foto von sich mitgebracht. Dieses wird nun auf das Blütenblatt des Monats aufgeklebt, in dem das Kind Namenstag hat. Unter das Bild wird das Datum geschrieben. Die Blume wird an die Wand des Gruppenraumes gehängt.
Die Pädagogin/der Pädagoge erfragt die Namenspatrone der Kinder.

Namenstagsfeier:

Die Gruppe sitzt im Stuhlkreis. In der Mitte brennt auf einem Tisch eine Kerze, daneben steht eine Schale mit geschnittenem Obst, das das Namenstagskind mitgebracht hat.

Die Pädagogin/der Pädagoge erzählt die Legende des Namenspatrons, zeigt – falls vorhanden – Bilder oder Zeichnungen. Dann gratulieren die Kinder dem Namenstagskind mit einem Lied. Dieses verteilt dann an alle Kinder Obst. Gemeinsam wird gegessen. Die Pädagogin/der Pädagoge spricht ein Gebet. Anschließend darf das Namenstagskind ein Spiel wählen, das die Gruppe nun zusammen spielt.

Gebet:

Lieber Gott,
N.N. hat heute Namenstag.
Wir haben von ihrem/seinem Namenspatron N.N. gehört.
Er/Sie war ein Mensch, durch den dein Licht ganz besonders in der Welt gestrahlt hat.
N.N. hat einen Namen; du hast sie/ihn bei ihrem/seinem Namen gerufen, ganz unverwechselbar, einmalig.
Beschütze und segne N.N. und uns alle.

Lied:

Ich trage einen Namen

Fest Erscheinung des Herrn / Fest der Heiligen Drei Könige (6. Januar)

Sie gingen in das Haus und sahen das Kind und Maria, seine Mutter; da fielen sie nieder und huldigten ihm.

Matthäusevangelium 2,11

Am Fest Erscheinung des Herrn feiern wir: Gott will den Menschen nahe sein; er wird Mensch, geboren in aller Stille als Kind im Stall.
Fest der Heiligen Drei Könige: Drei Männer aus einem fernen Land folgten dem Stern und suchten das Kind in der Krippe. Wer diese Männer waren, sagt die Bibel nicht genau. Sie spricht von »Sterndeutern«. Später nannte man sie »Weise« und »Könige« und glaubte auch ihre Namen zu kennen: Kaspar, Melchior und Balthasar. Die Heiligen Drei Könige wurden zu Stellvertretern für die damals bekannten Kontinente: Europa, Asien und Afrika. Sie brachten dem Kind Gold, Weihrauch und Myrrhe. Die Legende berichtet davon, dass die drei Könige in einem gemeinsamen Grab beigesetzt wurden. Der Dreikönigsschrein mit ihren Gebeinen wird im Kölner Dom verehrt.

Vorbereitung:

Die Kinder und die Pädagogin/der Pädagoge sitzen im Stuhlkreis. In der Mitte des Kreises liegen drei Kronen auf einem kleinen Tisch, auf denen jeweils Gold, Weihrauch und Myrrhe dargestellt sind. Die Pädagogin/der Pädagoge erzählt den Kindern die Geschichte von den Sterndeutern oder liest aus dem Matthäusevangelium vor. Die Kinder erzählen, was sie über die Heiligen Drei Könige und ihre Gaben wissen. Die Pädagogin/der Pädagoge gibt Hintergrundinformationen und leitet über zur Tradition des Sternsingens und der Bedeutung des Segensspruches C + M + B.

In einem Rollenspiel haben die Kinder die Möglichkeit in die Rolle der Könige zu schlüpfen und das Gehörte intensiver zu verarbeiten.
Die Kinder malen Bilder von der Geschichte der Heiligen Drei Könige und erklären sie anschließend der Gruppe.

Besuch einer Krippe:

Die Pädagogin/der Pädagoge und die Kinder besuchen gemeinsam die Krippe in der Pfarrkirche.
Sie sprechen über die Personen und Tiere, die sie sehen. Besonders wird auf die Heiligen Drei Könige eingegangen. Die Kinder verehren das Kind in der Krippe. Sie sprechen ein Gebet und singen ein Lied.

Gebet:

Lieber Gott, die Heiligen Drei Könige
haben sich als Erste auf den Weg gemacht
und sind von weit her dem Stern zum Kind in der Krippe gefolgt.
Kaspar, Melchior und Balthasar zeigen uns:
Alle Menschen auf dieser Welt sind deine Kinder
und sind eingeladen zu dir zu kommen.

Lied:

Stern über Betlehem

Fest des heiligen Don Bosco (31. Januar)

Fröhlich sein, Gutes tun und die Spatzen pfeifen lassen.

Don Bosco

Der Priester Johannes Bosco (1815–1888) legte den Schwerpunkt seiner seelsorglichen Arbeit auf die Betreuung und Förderung der jugendlichen Arbeiter und arbeits- und heimatlosen Jungen in Turin. Sie nannten ihn »Don Bosco«. Er richtete in benachteiligten Stadtvierteln Heime und Schulen ein, gründete Ausbildungsstätten, suchte Ausbildungsstellen und gab Zeitschriften und Bücher heraus, um auf die Situation dieser Jugendlichen hinzuweisen. Don Bosco war ein lebensfroher Mensch mit einer großen Begabung auf Menschen zuzugehen. Er motivierte die Jungen mit seiner Hilfe ihr Leben in die Hand zu nehmen und begeisterte sie für den Glauben an Jesus Christus. Er gründete die Kongregation der Salesianer und gemeinsam mit Maria Mazzarello die Genossenschaft der Mariahilfschwestern.

Vorbereitung:

Die Pädagogin/der Pädagoge erzählt den Kindern vom Leben Don Boscos. Sie/er hebt die Not der Kinder hervor und die Lebensfreude und Tatkraft, mit der Don Bosco auf diese Situation reagiert. Don Bosco lebt die Überzeugung: Jeder Mensch ist wichtig und wertvoll, von Gott geliebt und angenommen. Die Kinder planen ein Fest: Sie wollen einen Nachmittag lang gemeinsam mit den Eltern, Verwandten und Freunden zusammen spielen und essen. Kuchen und Getränke spenden die Eltern. Sie werden zu einem geringen Preis verkauft. Das Geld wird einem Projekt vor Ort, das bedürftigen Kindern hilft, gespendet. Die Kinder üben ein kleines Sprechspiel über den heiligen Don Bosco ein.

Feier eines Don-Bosco-Festes:

Kinder, Eltern und Verwandte treffen sich in der Einrichtung, bei schönem Wetter im bunt geschmückten Garten. Die Pädagogin/der Pädagoge spricht einige Begrüßungsworte und leitet über zum heiligen Don Bosco, seinem Einsatz für die Kinder und seiner Lebensfreude. Die Kinder führen ihr Sprechspiel auf. Nach einem Lied lädt die Pädagogin/der Pädagoge alle ein, an den vorbereiteten Spielen teilzunehmen. Es wird gemeinsam gegessen und getrunken. Den Abschluss den Nachmittags bilden ein Gebet und ein Lied.

Gebet:

Lieber Gott, »Don Bosco« haben die Jungen in Turin
ihren Priester Giovanni Bosco genannt.
Er hat fest an dich geglaubt, den Kindern geholfen
und gemeinsam mit ihnen ganz viel Freude am Leben
gehabt.
Wir danken dir für Don Bosco und wünschen allen Kindern auf der Welt, denen es nicht gut geht, einen Menschen wie ihn, der ihnen hilft.

Lied:

Die Sache Jesu braucht Begeisterte

Darstellung des Herrn / Mariä Lichtmess (2. Februar)

Die Eltern Jesu brachten das Kind nach Jerusalem hinauf, um es dem Herrn zu weihen.

Lukasevangelium 2, 22

Das Fest »Darstellung des Herrn« wird vierzig Tage nach Weihnachten als Abschluss des Weihnachtsfestkreises gefeiert. Sein ursprünglicher Name »Mariä Reinigung« bezieht sich auf einen jüdischen Brauch: Maria bringt im Tempel ein Reinigungsopfer dar. Gleichzeitig bringen die Eltern die »Auslösegabe« für ihren Sohn dar, eine Erinnerung daran, dass Gott die erstgeborenen Söhne der Israeliten bei der Flucht aus Ägypten verschonte. Die Familie trifft auf Simeon und Hanna, die in Jesus Gottes Sohn erkennen. Seit dem 5. Jahrhundert wird das Fest auch »Mariä Lichtmess« genannt und zu den Marienfesten gezählt. An »Mariä Lichtmess« werden die Kerzen eines Jahres für die Kirchen und den privaten Gebrauch geweiht. Seit dem 2. Vatikanischen Konzil (1960) wird dieser Tag unter dem Namen »Darstellung des Herrn« wieder als Herrenfest begangen.

Vorbereitung:

Die Pädagogin/der Pädagoge führt mit den Kindern ein Gespräch über die Bedeutung von Licht und Dunkelheit. Welche verschiedenen Lichtquellen gibt es? Die brennende Kerze gibt den Menschen schon seit Jahrhunderten Licht und Wärme. Die Pädagogin/der Pädagoge stellt nun den Bezug zum Kirchenraum her. Wo und wann brennen in der Kirche überall Kerzen? Die Pädagogin/der Pädagoge liest den Kindern die Geschichte von der Darstellung im Tempel aus dem Lukasevangelium vor (Lk 2,22–40), fragt nach dem Verständnis des Inhaltes und weist besonders auf das

Wort des Simeon hin, der Jesus als »Licht« bezeichnet. Dann erklärt sie/er den Kindern, warum dieses Fest auch »Mariä Lichtmess« heißt.
Die Gruppe bereitet gemeinsam eine Lichterprozession vor. Kleine Gläser werden mit transparenten bunten Schnipseln beklebt und jeweils ein Teelicht hineingestellt.

Lichterprozession:

Der Gruppenraum wird abgedunkelt. Leise Musik erklingt im Hintergrund. In der Mitte des Raumes brennt eine große Kerze als einzige Lichtquelle. Die Pädagogin/der Pädagoge erklärt: Diese brennende Kerze sagt uns, dass Jesus lebt, dass er bei uns ist. Sein Licht strahlt in den dunklen Raum und erhellt unser Leben.
Jedes Kind nimmt sein Glas mit dem brennenden Teelicht in die Hand. Dann folgen alle der Pädagogin/dem Pädagogen in einer Prozession langsam im Rhythmus der Musik durch den Raum. Zum Abschluss bilden alle einen Kreis um die brennende Kerze. Die Hintergrundmusik wird abgestellt. Die Pädagogin/der Pädagoge spricht ein Gebet, dann singen alle gemeinsam ein Lied.

Gebet:

Lieber Gott,
die alten Menschen Simeon und Hanna
haben sofort, als sie das kleine Kind Jesus
im Tempel gesehen haben, erkannt,
dass er dein Sohn ist, Licht, das die Welt erhellt.
Wir danken dir für dieses Licht und die Wärme,
die du uns schenkst.

Lied:

Du bist das Licht der Welt

Fest des heiligen Blasius (3. Februar)

Gott sei uns gnädig und segne uns. Er lasse über uns sein Angesicht leuchten.

Psalm 67,2

Blasius war von Beruf Arzt und wurde im 3. Jh. n. Chr. Bischof von Sebaste. Nach der Legende versteckte er sich aufgrund der Christenverfolgung in einer Höhle. Eine Frau brachte ihm zu essen und erhielt von ihm den Auftrag, jährlich eine Kerze zu seinem Gedächtnis zu opfern. Blasius wurde entdeckt, gefangen genommen, ins Gefängnis gebracht und später enthauptet. Im Gefängnis soll er einen Jungen, der eine Fischgräte verschluckt hatte, durch sein Gebet vor dem Ersticken gerettet haben. Auf diese Begebenheit geht der seit dem 16. Jahrhundert bekannte Brauch des »Blasiussegens« zurück: Zwei geweihte Kerzen werden während des Segens gekreuzt vor den Hals des Zu-Segnenden gehalten. Dieser Segen soll bei Halsschmerzen, anderen Erkrankungen des Halses und vor Ersticken helfen.

Vorbereitung:

Die Pädagogin/der Pädagoge und die Kinder versammeln sich im Stuhlkreis. Die Pädagogin/der Pädagoge spricht über Erkrankungen des Halses (Halsweh, Husten, Bronchitis) und fragt nach den Erfahrungen der Kinder. Auch unterschiedliche Behandlungsmöglichkeiten werden besprochen. Die Pädagogin/der Pädagoge leitet über zu der Möglichkeit, dass einem auch einmal etwas im Hals stecken bleiben könnte. Die Kinder nennen einige Dinge, vielleicht auch schon die Fischgräte.
Die Pädagogin/der Pädagoge spricht nun über den heiligen Blasius und erzählt seine Legende. Kinder und Pädagogin/Pädagoge planen gemeinsam, am Festtag des Heiligen den Blasiussegen in der Kirche zu empfangen. (Die Pädagogin/

der Pädagoge spricht mit dem Pfarrer einen entsprechenden Termin ab.)

Gemeinsam wird abschließend über den Begriff »Segen« und seine Bedeutung gesprochen. Wir sind bei Gott geborgen, stehen unter seinem Schutz und wünschen auch anderen diese Nähe. Wo begegnet uns der Segen? Als Abschlusssegen im Gottesdienst, wenn die Eltern ihren Kindern ein kleines Kreuz auf die Stirn zeichnen ... Die Pädagogin/der Pädagoge weist die Kinder auf die Besonderheit der zwei gekreuzten brennenden Kerzen beim Blasiussegen hin.

Blasiussegen:

Kinder und Pädagogin/Pädagoge gehen gemeinsam zur Kirche. Sie werden vom Pfarrer empfangen und nehmen in den Bänken Platz. Der Pfarrer begrüßt die Kinder und spricht mit ihnen über den heiligen Blasius und seinen Segen. Dann spendet der Pfarrer den Blasiussegen. Zum Abschluss wird ein Lied gesungen.

Gebet:

Lieber Gott, gerade im Winter haben viele Menschen
Halsschmerzen.
Auch ich habe schon häufig Halsweh und Husten gehabt.
Der heilige Blasius hat schon vor vielen Jahrhunderten
bei Gott um Schutz für alle Menschen vor Erkältung
und anderen Erkrankungen am Hals gebeten.
Der Blasiussegen soll mich vor diesen Krankheiten
bewahren.
Danke, Gott, für deinen Schutz und den heiligen Blasius.

Lied:

Gott, dein guter Segen ist wie ein großes Zelt

Die Passionszeit

Der Menschensohn muss seinen Weg gehen,
wie die Schrift über ihn sagt.

Matthäusevangelium 26,24

Die Passionszeit beginnt am Aschermittwoch und endet am Karsamstag, dem Tag vor Ostern. Passion heißt »Leiden«: Wir denken in diesen Tagen an die Ereignisse im Leben Jesu bis zum Tod am Kreuz und seiner Beisetzung. Nach seiner Taufe im Jordan verbringt Jesus 40 Tage fastend in der Wüste. Auch für uns heute sollen die Wochen der Passionszeit eine Zeit des Fastens sein. Dabei geht es nicht in erster Linie um den Verzicht auf Nahrung, sondern um Neuorientierung und sinnvolle Lebensgestaltung. Der Aschermittwoch und der Karfreitag sind in der katholischen Kirche gebotene Fastentage: Erwachsene sollten sich an diesen Tagen nur einmal satt essen und auf Fleisch verzichten.

Vorbereitung:

Die Pädagogin/der Pädagoge spricht mit den Kindern über die nun kommende stille, ruhige Zeit und über das Fasten. Sie/er erklärt ihnen, dass Menschen, die noch wachsen, nicht auf das Essen verzichten dürfen, außer auf Süßigkeiten. Gemeinsam wird überlegt, auf was man in diesen 40 Tagen verzichten kann: neben Süßigkeiten auf Fernsehen, Streit, lautes Schreien ... und was man Gutes in diesen Wochen tun kann: anderen helfen, alle Kinder mitspielen lassen ...

Jedes Kind gestaltet eine eigene »Fastentruhe«, in die es all die Dinge legen kann, auf die es in der Fastenzeit verzichten

will oder die es in diesen Tagen besonders beachten will. Dazu wird ein Schuhkarton mit buntem Papier beklebt oder bemalt.
Neben Gegenständen legen die Kinder auch Fotos oder selbst gemalte Bilder in ihre »Truhe«.

Fastentruhe:

Leise Musik läuft im Hintergrund. Die Kinder sitzen an Tischen und malen Bilder von Handlungen, die sie in den kommenden Wochen vermeiden oder in dieser Zeit aufnehmen wollen (nicht streiten, anderen helfen ...). Fertige Bilder werden auf der jeweiligen »Fastentruhe« aufbewahrt und sollen im Rahmen einer kleinen Meditation ganz bewusst von den Kindern in ihre »Truhen« gelegt werden (s. Aschermittwoch).

Gebet:

Lieber Gott,
der lustige Karneval ist vorüber, die Fastenzeit beginnt.
Ich weiß, fasten heißt nicht nur auf leckere Süßigkeiten verzichten,
Fasten ist mehr: Ich will versuchen in den kommenden Wochen auf mich und mein Verhalten zu achten und aufmerksamer mit mir und meinen Mitmenschen umgehen.
Danke, lieber Gott, für diese Zeit der Besinnung.

Lied:

Ich möcht, dass einer mit mir geht

Aschermittwoch

Du lässt die Menschen zurückkehren zum Staub
und sprichst: »Kommt wieder, ihr Menschen!«

Psalm 90,3

Der Aschermittwoch eröffnet die Fastenzeit bis Ostern. Als Fastentage sind die 6 Sonntage ausgenommen, da die Christen an diesem Tag die Auferstehung Christi feiern. Es bleiben 40 Wochentage des Fastens. Seinen Namen erhielt der »Aschermittwoch« aus der Tradition, dass der Priester den Gläubigen an diesem Tag die Asche der Palmzweige aus dem Vorjahr als Kreuz auf die Stirn zeichnet. Dabei erinnert er jeden Einzelnen: »Bedenke, Mensch, dass du Staub bist und wieder zum Staub zurückkehren wirst.« Asche ist das Symbol für Vergänglichkeit, Buße und Reue. Früher wurde Asche auch als Reinigungsmittel verwendet. Daher ist sie auch das Symbol für die Reinigung der Seele.

Vorbereitung:

Die lauten Karnevals-/Faschingstage sind vorbei. Die Dekoration wird abgenommen. Die Luftschlangen verbrennen die Kinder gemeinsam mit der Pädagogin/dem Pädagogen in einer Feuerstelle im Garten. Die Pädagogin/der Pädagoge füllt die erkaltete Asche in eine Schale und trägt sie in den Gruppenraum. Hier spricht sie mit den Kindern über das Symbol Asche, den Aschermittwoch und das Aschenkreuz. Gemeinsam denkt die Gruppe über die Gestaltung der Fastenzeit nach. In einem Nebenraum oder einer Ecke des Gruppenraumes findet sie einen Ort, den sie »Oase der Stille« nennt. Hier will sich die Gruppe jeden Tag einige Minuten treffen. Die Pädagogin/der Pädagoge und die Kinder gestalten diesen Ort gemeinsam: Ein Tuch wird auf den Boden gelegt und darauf die Schale mit der Asche gestellt. Neben die Schale legen die Kinder das Kreuz aus dem

Gruppenraum und stellen eine Kerze dazu. Während der Minuten in der »Oase der Stille« sitzen die Pädagogin/der Pädagoge und die Kinder auf Matten auf dem Boden.

In der »Oase der Stille«:

Die Kinder und die Pädagogin/der Pädagoge versammeln sich in der »Oase der Stille«. Leise Musik läuft im Hintergrund, die Kerze brennt neben der Schale mit der Asche und dem Kreuz. Die Kinder halten ihre »Fastentruhe« (s. Passionszeit) in der Hand und haben nun Gelegenheit sie zu öffnen, die Dinge, Bilder, Fotos noch einmal zu betrachten, an ihre Vorsätze zu denken oder auch neue Gegenstände in ihre Kiste zu legen.
Anschließend spricht die Pädagogin/der Pädagoge ein kurzes Gebet. Dann singen alle ein Lied.

Gebet:

Lieber Gott, vierzig Tage dauert die Zeit,
in der wir uns an das Leben Jesu vor seinem Tod erinnern.
Wir wollen in dieser Zeit auch über uns und unser Leben nachdenken.
Vieles gelingt uns nicht gut: Wir streiten, wir schreien, wir denken nur an uns …
Wir wollen versuchen etwas zu ändern.
Sei du bei uns, lieber Gott.

Lied:

Das wünsch ich sehr

Palmsonntag

Die Leute, die vor Jesus hergingen und die ihm folgten, riefen: Hosanna! Gesegnet sei er, der kommt im Namen des Herrn!

Markusevangelium 11,9

Im Neuen Testament wird berichtet, dass Jesus vor dem Paschafest auf einem Esel in die Stadt Jerusalem reitet. Die Jünger und viele andere Menschen jubeln ihm zu. Viele legen ihre Kleider auf die Straße, reißen Palmzweige von den Bäumen und werfen sie auf den Weg. Sie rufen: »Hosanna dem Sohn Davids!« (Mt 21,9). Die ganze Stadt ist in Aufregung. Am Palmsonntag erinnern wir uns an diesen Einzug Jesu in Jerusalem. In der katholischen Kirche werden Buchsbaum- oder Weidenzweige gesegnet und dann in einer Prozession in die Kirche getragen.
Die Zweige sind häufig zu Büschen gebunden und mit bunten Bändern geschmückt. Einzelne Zweige werden dann zu Hause hinter das Kreuz gesteckt.

Vorbereitung:

Die Pädagogin/der Pädagoge erzählt den Kindern vom Einzug Jesu in Jerusalem. Aus Buchsbaum binden die Kinder dann kleine Sträuße und schmücken sie mit Bändern, bemalten Eiern oder selbst gebastelten Osterfiguren.

Feier zum Palmsonntag:

Mitten im Stuhlkreis wird eine große Decke ausgelegt. Auf dieser Decke entsteht aus Holzklötzen eine Stadt, in die einige Tore führen. Vor einem Stadttor wird eine Kerze aufgestellt.
Die Kinder besuchen nun diese Stadt, erzählen und zeigen, was hier alles geschieht: Die Stadt ist geschmückt. (Auf die

Holzklötze werden kleine grüne Zweige gelegt.) Kommt vielleicht ein König? Die Menschen tragen lange, bunte Kleider. (Die Kinder legen sich Tücher um.) Ein Kind zündet die Kerze an: Jesus zieht in Jerusalem ein. Die Kinder nehmen ihre geschmückten Sträuße in die Hand, folgen der Pädagogin/dem Pädagogen in einer Prozession außen um den Stuhlkreis herum und singen ein Lied.

Gebet:

Lieber Gott,
als Jesus in Jerusalem eingezogen ist,
haben die Menschen gejubelt
und ihn wie einen König mit Palmzweigen begrüßt.
Es ist ein freudiger Empfang in dieser Stadt,
in der bald sein Weg zum Kreuz beginnen wird.
Wir denken heute mit unseren geschmückten
und gesegneten Zweigen an diesen Einzug
und danken dir für deinen Sohn.

Lied:

Sion, singe Jubelpsalmen

Gründonnerstag

Nehmt und esst; das ist mein Leib ...
Trinkt alle daraus; das ist mein Blut.

Matthäusevangelium 26,26f.

Am Gründonnerstag – der Name kann vom Wort »gronan« (weinen, greinen) abgeleitet werden – steht die Erinnerung an das Letzte Mahl im Mittelpunkt, das Jesus mit seinen Jüngern hält. Jesus sagt zu ihnen: »Tut dies zu meinem Gedächtnis« (Lk 22,19). Wir folgen Jesu Aufforderung in jeder Eucharistiefeier. Im Gottesdienst am Gründonnerstag findet auch in vielen Kirchen eine Fußwaschung statt. Der Priester wäscht einigen Gemeindemitgliedern die Füße in Erinnerung an die Erzählung im Neuen Testament, wo Jesus den Jüngern die Füße wäscht (vgl. Joh 13,1–20): Jesus erniedrigt sich – Füße waschen war Sklavenarbeit –, so groß ist seine Liebe zu den Menschen. Am Ende der Messe werden Altar und Tabernakel leer geräumt, Orgel und Kirchenglocken schweigen. Die kommenden beiden Tage sind Zeiten der Trauer und der Besinnung.

Vorbereitung:

Bei einem Besuch in der Kirche betrachtet die Pädagogin/der Pädagoge mit der Gruppe den Altar. Nun, in der Fastenzeit, ist er nicht so festlich geschmückt wie sonst. Aber die Kinder erinnern sich auch an ganz üppigen Blumenschmuck. Auch zwei große Kerzen stehen auf dem Altar. Gott lädt die Menschen ein, mit ihm Mahl zu halten.
Die Kinder planen ein gemeinsames Mahl in ihrem Gruppenraum. Einige Tische werden zu einem großen Tisch zusammengestellt, an dem alle gemeinsam sitzen können. Auf diesem Tisch liegen ein Kreuz und ein großes selbst gebackenes Brot. Die Pädagogin/der Pädagoge stellt eine Vase mit Blumen, eine Karaffe mit Saft und Becher dazu.

Mahlfeier:

Es ist leise im Raum. Die Kinder und die Pädagogin/der Pädagoge stehen hinter ihrem Stuhl. Alle zeichnen dem Nachbarn links und rechts ein Kreuzzeichen auf die Stirn. Dann setzt sich die Gruppe. Ausgehend vom Besuch in der Kirche, erzählt die Pädagogin/der Pädagoge die Geschichte vom Letzten Abendmahl. Dann wird ein Lied gesungen. Nun wird das Brot in kleine Stücke gebrochen und verteilt, der Saft in die Becher gegossen, gemeinsam gegessen und getrunken. Das Mahl endet mit einem Gebet und einem Lied.

Gebet:

Lieber Gott,
wir haben heute Mahl gehalten,
miteinander gegessen und getrunken,
das, was wir haben, geteilt.
Hilf uns, dass wir immer nach rechts und links schauen,
auf die Menschen, die mit uns leben, achten
und ihnen Gutes tun.

Lied:

Wenn das Brot, das wir teilen

Karfreitag

Nachdem sie ihn gekreuzigt hatten, warfen sie das Los und verteilten seine Kleider unter sich.

Matthäusevangelium 27,35

Der Karfreitag – im Namen steht das althochdeutsche »kara, chara« (Trauer, Klage) – ist ein Tag der Erinnerung an Jesu Verurteilung, seine Kreuzigung und seinen Tod. Für die protestantischen Christen ist dieser Tag der höchste Feiertag des kirchlichen Jahres. In katholischen Kirchen findet zur Todesstunde Jesu, um 15 Uhr, ein Wortgottesdienst mit Kreuzverehrung statt.

Vorbereitung:

Die Pädagogin/der Pädagoge und die Kinder versammeln sich im Stuhlkreis. Auf dem Boden in der Mitte des Kreises liegt ein Kreuz mit Corpus. Die Pädagogin/der Pädagoge fragt die Kinder, wo sie schon überall Kreuze gesehen haben: zu Hause, in der Kirche, auf dem Friedhof ... Dann erzählt sie/er den Kindern vom Tod Jesu: Jesus wird an ein Kreuz genagelt und muss unter großen Schmerzen sterben. Er – Gottes Sohn – tut das für uns Menschen. Wir sind erlöst. Das Kreuz wird zum Zeichen der Gnade und der Versöhnung. Die Pädagogin/der Pädagoge bittet die Kinder, das Kreuz in der Mitte des Kreises genau zu betrachten und zu beschreiben. Noch offene Fragen der Kinder werden geklärt. Sie/er betont, wie wichtig dieses Zeichen für die Christen ist. Die Kinder üben das Kreuzzeichen und die Worte: »Im Namen des Vaters und des Sohnes und des Heiligen Geistes«.

Anschließend malen die Kinder ein Kreuz, das sie in ihrem Zimmer zu Hause aufhängen.

Betrachtung des Kreuzwegs:

Die Gruppe besucht die Kirche und betrachtet gemeinsam mit dem Pfarrer das Kreuz über dem Altar. Dann spricht er mit ihnen über das Leiden und den Tod Jesu. Falls ein Kreuzweg in der Kirche vorhanden ist, betrachten die Kinder dabei die einzelnen Stationen. Vor und nach dem abschließenden Gebet machen alle ein Kreuzzeichen.

Gebet:

Lieber Gott,
heute – am Karfreitag – denken wir an den Tod Jesu.
Er wurde an ein Kreuz genagelt und starb unter großen Schmerzen.
Jesus ist dein Sohn. Er hat das für uns getan, um uns zu erlösen.
Gott, wir danken dir für deine Liebe zu uns Menschen.

Lied:

Halte zu mir, guter Gott

Ostern

Jesus ist nicht hier; denn er ist auferstanden, wie er gesagt hat.

Matthäusevangelium 27,6

Ostern ist das wichtigste und älteste Fest der Christen: Wir feiern die Auferstehung Jesu, den Sieg des Lebens über den Tod. In der Feier der Osternacht wird die Osterkerze angezündet. Sie ist Zeichen des Lebens und brennt in allen Feiern der Osterzeit bis Pfingsten und bei Taufen. Der Priester weiht das Taufwasser für das ganze Jahr. Viele Bräuche haben sich im Laufe der Jahrhunderte zum Osterfest entwickelt: Das Lamm ist ein Symbol der Wehrlosigkeit, das klassische Opfertier im Alten Testament: Jesus Christus ist das Lamm Gottes. Die bemalten Eier (Ostereier) sind Fruchtbarkeitssymbole. Der Osterhase, der die Eier versteckt, hat sich aus protestantischer Tradition entwickelt. Auch er ist ein Symbol für Ostern: Er ist sehr fruchtbar, neues Leben entsteht.

Vorbereitung:

Die Pädagogin/der Pädagoge erzählt den Kindern die Geschichte von der Auferstehung Jesu: Der Stein am Grab ist weggerollt. Ein Engel sagt zu den Frauen: »Jesus ist nicht hier; denn er ist auferstanden.« Dann gestaltet jedes Kind seine eigene Osterkerze. Aus Wachsplatten werden Motive ausgeritzt, die die Kinder mit dem Osterfest verbinden, und auf weiße Stumpenkerzen gedrückt. Während die Kinder basteln, stellt die Pädagogin/der Pädagoge eine große weiße

Kerze auf ein Tuch auf den Boden. Die fertig gestalteten Kerzen der Kinder werden um diese Kerze gestellt.

Ostermeditation:

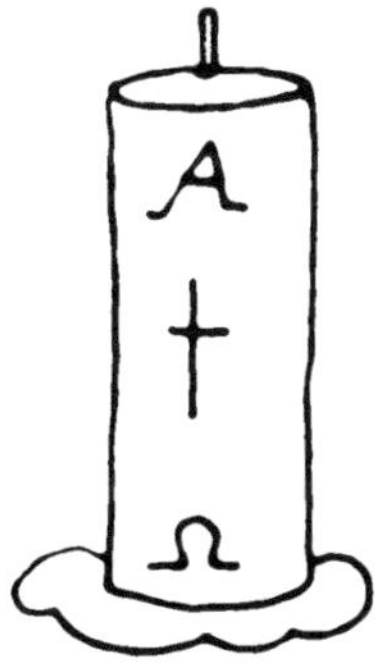

Leise Musik läuft im Hintergrund. Die Kinder und die Pädagogin/der Pädagoge sitzen auf Matten im Kreis um die Kerzen. Die große Kerze wird angezündet. Die Pädagogin/der Pädagoge spricht vom Licht als Zeichen des Lebens. Licht bedeutet Wärme. Licht bedeutet Freude. Licht macht die Dunkelheit hell: Jesus Christus ist das Licht, das das Leben der Menschen hell macht. Die Kinder stehen nun einzeln auf und zünden ihre Kerzen an der großen Kerze an. Die Pädagogin/der Pädagoge spricht ein Gebet, dann singen alle gemeinsam.

Gebet:

Lieber Gott,
am Ostersonntagmorgen haben es die Frauen
am Grab als Erste erfahren:
Jesus lebt, er ist nicht mehr tot.
Sie haben sich zuerst erschrocken,
dann unglaublich gefreut
und sind ganz schnell gelaufen,
um es den Jüngern und dann allen Menschen zu erzählen.
Jesus Christus ist das Licht, das unser Leben hell macht.
Gott, wir danken dir.

Lied:

Manchmal feiern wir mitten im Tag ein Fest der Auferstehung

Taufe

Geht zu allen Völkern und macht alle Menschen zu meinen Jüngern; tauft sie auf den Namen des Vaters und des Sohnes und des Heiligen Geistes.

Matthäusevangelium 28,19

Die Taufe ist ein Sakrament in der katholischen und evangelischen Kirche. Mit der Taufe wird ein Mensch in die christliche Gemeinschaft aufgenommen. Für Kinder bezeugen Eltern und Paten den Glauben an den dreieinige Gott und verpflichten sich, das Kind auf seinem Glaubensweg zu begleiten. Vier Zeichen gehören zum Sakrament der Taufe: gesegnetes Wasser als Erinnerung daran, dass Gott uns unser Leben schenkt. Das weiße Kleid zeigt an: Hier steht ein neuer Mensch, der von nun an zu Christus gehört. Die Salbung mit Chrisam-Öl ist ein Zeichen für die Anwesenheit des Heiligen Geistes. Das Licht der an der Osterkerze entzündeten Taufkerze sagt uns: Gott will uns immer nahe sein. Er macht unser Leben hell.

Vorbereitung:

Die Pädagogin/der Pädagoge spricht mit den Kindern über das Sakrament der Taufe. Sie bittet die Kinder am kommenden Tag Erinnerungen an ihre Taufe mitzubringen: Fotos, die Taufkerze, das Taufkleid ...
Die Gruppe wird an einer Tauffeier teilnehmen. Die Kinder gestalten eine Kerze als Geschenk für den Täufling. Auf eine selbst gestaltete Glückwunschkarte drückt jedes Kind den mit Farbe bestrichenen Daumen: Jeder ist ein ganz besonderer, einmaliger Mensch – in Gottes Händen geborgen und angenommen.

Tauffeier:

Die Kinder dürfen nahe am Taufbecken stehen und den Ablauf der Tauffeier verfolgen. Die einzelnen Handlungen werden ihnen vom Pfarrer verdeutlicht. Dann singen die Kinder ein Lied für den Täufling und überreichen ihr Taufgeschenk.

Gebet:

Lieber Gott,
N.N. ist nun getauft.
Sie/er ist in die Gemeinschaft der Christen aufgenommen.
Sie/er steht nun ihr/sein ganzes Leben
unter deinem Schutz und Segen.
Wir danken dir.

Lied:

Ich habe einen Namen und ich bin getauft

Maria – Mutter Gottes

Heilige Maria, Mutter Gottes, bitte für uns.

Aus dem »Gegrüßet seist du, Maria« (Ave Maria)

Schon die frühen Christen verehren Maria, die Mutter Jesu. Sie hat den Sohn Gottes geboren und ihn sein Leben lang begleitet. Sie steht unter dem Kreuz und wird nach ihrem Tod mit Leib und Seele in den Himmel aufgenommen. Sie gilt als »Mutter« der katholischen Kirche, als Vorbild des Glaubens. Auch heute pilgern viele Menschen zu den Wallfahrtsorten (z. B. Altötting, Kevelaer, Lourdes, Fatima, Tschenstochau …), um Maria zu ehren und sie um ihre Hilfe und Fürsprache bei Gott zu bitten. Maria trägt den Titel »Mutter Gottes«.

Vorbereitung:

Die Pädagogin/der Pädagoge spricht mit den Kindern über Maria, die Mutter Gottes. Was haben die Kinder schon über sie aus der Bibel erfahren? Wie hat Maria wohl ausgesehen?
Die Pädagogin/der Pädagoge bittet die Kinder, die Mutter Jesu zu malen. Alle Bilder werden anschließend mit Namen versehen und aufgehängt.
Seit vielen Jahrhunderten wird Maria verehrt. Und immer haben Menschen versucht, sich ein Bild von ihr zu machen. Die Pädagogin/der Pädagoge hat Fotos und Abbildungen von Mariendarstellungen aus verschiedenen Jahrhunderten mitgebracht. Dann spricht sie/er über die Wallfahrt zur Mutter Gottes. Mit Hilfe von Bildern werden die Kinder mit einem Wallfahrtsort in der Nähe bekannt gemacht.
Die Pädagogin/der Pädagoge bereitet eine Powerpoint-Präsentation vor. Sie soll im Rahmen einer Maiandacht in der Kirche gezeigt werden.
Die Kinder gestalten Einladungskarten zur Maiandacht für ihre Eltern.

Maiandacht:

Die Kinder, die Eltern, die Pädagogin/der Pädagoge und der Pfarrer versammeln sich vor dem Marienaltar in der Kirche. Nach der Begrüßung erklärt der Pfarrer die Darstellung Marias am Altar. Dann nehmen alle in den Bänken Platz und die Präsentation wird vorgeführt: Marienbilder aus vielen Jahrhunderten bis hin zu den Kinderbildern aus der Gruppe. Leise Musik begleitet diese Zeit der Ruhe und Besinnung. Zum Abschluss der Andacht wird ein Lied gesungen.

Gebet:

Maria, du bist die Mutter von Jesus.
Du hast ihn durch sein ganzes Leben begleitet,
warst an seiner Seite,
hast alles, was geschehen ist, in deinem Herzen bewahrt.
Begleite auch mich auf meinem Lebensweg
und beschütze alle Menschen, die ich lieb habe.

Lied:

Gegrüßet seist du, Königin

Christi Himmelfahrt

Als er das gesagt hatte, wurde er vor ihren Augen emporgehoben, und eine Wolke nahm ihn auf und entzog ihn ihren Blicken.

Apostelgeschichte 1,9

Das Fest Christi Himmelfahrt wird 40 Tage nach dem Ostersonntag – also immer an einem Donnerstag – gefeiert. Das Lukasevangelium und die Apostelgeschichte berichten davon, dass Jesus nach seiner Auferstehung mehrfach den Jüngern erschien und mit ihnen sprach. Dann wurde er vor ihren Augen emporgehoben, von einer Wolke aufgenommen und ihren Blicken entzogen. Himmelfahrt meint: Jesus Christus kehrt endgültig zu seinem Vater zurück.
Traditionell sind die drei Tage vor Christi Himmelfahrt Bitttage, an denen um den Schutz der Feldfrüchte gebeten wird.

Vorbereitung:

Die Pädagogin/der Pädagoge und die Kinder versammeln sich im Stuhlkreis. In der Mitte des Kreises steht eine große Vase mit grünen oder blühenden Zweigen. Die Pädagogin/der Pädagoge erzählt den Kindern von den Begegnungen der Jünger mit dem Auferstandenen und von seiner Himmelfahrt. Sie/er betont, dass Jesus zu seinem Vater zurückgekehrt ist, aber trotzdem immer bei den Menschen bleibt. Er will ihnen Gutes. Das können die Menschen untereinander und auch an der Natur, die sie umgibt, erkennen und erfahren. Gott lässt die Früchte auf dem Feld wachsen, von denen wir leben. Aber auch Regen und Hagel gehören zu unserer Welt. Die Pädagogin/der Pädagoge erzählt von der Tradition der Bitttage und den Gebeten um Schutz vor Unwettern. In einem gemeinsamen Bittgang möchte die Gruppe Gott in der Natur erfahren und ihn um seinen Schutz bitten.

Bittgang:

Auf einem gemeinsamen Gang über die Felder betrachten die Pädagogin/der Pädagoge und die Kinder bewusst viele Pflanzen und Früchte, die Gott auf dieser Erde wachsen und blühen lässt. Mit einem Lied danken sie ihm dafür. Im Gruppenraum malen die Kinder Bilder von ihren Erlebnissen und Erfahrungen an diesem Tag.

Gebet:

Lieber Gott,
auf unserem Gang über die Felder
haben wir gesehen, wie schön du die Welt erschaffen hast.
Du willst Gutes für uns und die Natur.
Wir danken dir und bitten um deinen Schutz.

Lied:

Die Sonne hoch am Himmelszelt

Muttertag

Seine Mutter bewahrte alles, was geschehen war, in ihrem Herzen.

Lukasevangelium 2,51

Seinen Ursprung hat der Muttertag im »Mothering Sunday«, gefeiert in England im 17. Jahrhundert. Kinder und Enkelkinder trafen sich bei den Eltern und die Familie verbrachte den Tag zusammen. 1914 erklärte der amerikanische Präsident Wilson den zweiten Sonntag im Mai jedes Jahres zum Muttertag in den ganzen USA. Seit 1923 wird der Muttertag in Deutschland gefeiert, von den Nationalsozialisten 1933 zum Feiertag erklärt. Nach dem Zweiten Weltkrieg setzte sich der Brauch des Muttertages allmählich in ganz Europa durch. Kinder schreiben ihren Müttern, besuchen sie und schenken ihnen Blumen, Aufmerksamkeit und Zeit.
Hinweis: Fällt der Muttertag auf den Pfingstsonntag, wird der Muttertag eine Woche früher gefeiert.

Vorbereitung:

Im Gespräch mit den Kindern erarbeitet die Pädagogin/der Pädagoge, wie wichtig die Mutter im Leben eines jeden Menschen ist: Sie hilft bei der Bewältigung des Lebensalltags, gibt Liebe, Schutz und Geborgenheit.
Die Gruppe entwickelt ein kleines Theaterstück zum Muttertag unter dem Titel »Danke, liebe Mama«. Drei Szenen aus dem Alltag werden geprobt: z.B. Frühstück machen, trösten, zu Bett bringen o.a.
Die Kinder gestalten Einladungskarten für ihre Mütter und basteln für jede Mutter eine Papierblume. Die Pädagogin/der Pädagoge bittet die Mütter um Kuchen-, Obst- und Saftspenden für die Feier.

Muttertagsfeier:

In einem großen Stuhlkreis liegen Papierblumen auf den Stühlen für die Mütter. Die Kinder führen ihre Mütter in den Gruppenraum und bitten sie, sich zu setzen.
Dann werden die Mütter mit einem Lied begrüßt. Die Kinder führen das Theaterstück auf. Anschließend feiern alle gemeinsam, essen Kuchen und Obst. Die Pädagogin/der Pädagoge spricht ein Gebet. Mit einem Lied endet die Feier.

Gebet:

Lieber Gott,
meine Mutter ist die beste Mutter auf der Welt.
Ich habe sie sehr lieb.
Sie ist immer für mich da.
Ich danke dir für meine Mutter.
Segne und beschütze sie.

Lied:

Er hält die ganze Welt in seiner Hand

Pfingsten

Alle wurden mit dem Heiligen Geist erfüllt und begannen, in fremden Sprachen zu reden, wie es der Geist ihnen eingab.

Apostelgeschichte 2,4

Pfingsten ist das Fest des Heiligen Geistes. Das Wort »Pfingsten« entstand aus dem griechischen Begriff »pentecoste« – »fünfzig«. Fünfzig Tage nach Ostern – so schildert es die Apostelgeschichte – kam durch Feuerzungen sichtbar der Heilige Geist auf die Jünger und bewirkte, dass sie in vielen fremden Sprachen redeten. An Pfingsten feiert die Kirche Geburtstag. Alle Menschen auf der Welt können nun die frohe Botschaft Jesu hören.

Vorbereitung:

Die Pädagogin/der Pädagoge schildert den Kindern die Ereignisse am Pfingsttag und erläutert auch die Herkunft des Begriffes. Dann lädt sie die Kinder ein, auf Tonpapier Motive des Geschehens auf- und auszumalen. Die Jünger, Feuerzungen, das Haus, die Menschen außerhalb des Hauses ... werden ausgeschnitten und auf eine große Pappe geklebt. Das Pfingstbild wird im Gruppenraum aufgehängt.
Die Gruppe gestaltet in der Kirche eine Pfingstmeditation. Dazu soll auch ein kleiner Tanz gehören. Feuerzungen werden gemalt und ausgeschnitten, dann auf Gläser geklebt. In jedes Glas wird ein Teelicht gestellt.

Pfingstmeditation:

Die Gruppe trifft sich in der Kirche mit dem Pfarrer. Das Pfingstbild wird vor den Altar gestellt, damit es alle gut sehen können. Der Pfarrer unterhält sich mit den Kindern anhand des Bildes über das Pfingstgeschehen. Dann versammeln sich alle im Altarraum. Die Kerzen in den gestalteten Gläsern werden angezündet.
Begleitet von meditativer Musik oder Orgelspiel, laufen die Kinder hinter der Pädagogin/dem Pädagogen oder dem Pfarrer Kreise oder Spiralen durch den Altarraum. Zum Abschluss bilden sie einen Kreis. Der Pfarrer spricht ein Gebet. Dann folgt ein gemeinsames Lied.

Gebet:

Guter Gott, es ist Pfingsten,
die Kirche hat Geburtstag.
Der Heilige Geist ist auf die
Jünger herabgekommen;
Feuerzungen haben es für
alle sichtbar gemacht.
Von nun an konnten sie in
vielen Sprachen reden,
hatten Kraft und Mut dich
in der ganzen Welt zu
verkünden.
Wir danken dir, dass auch wir von dir hören können
und erfahren dürfen, dass du immer bei uns bist.

Lied:

Der Geist des Herrn erfüllt das All

Dreifaltigkeitssonntag

Im Namen des Vaters und des Sohnes und des Heiligen Geistes. Amen.

Gebet zum Kreuzzeichen

Am Sonntag nach Pfingsten wird der Dreifaltigkeitssonntag gefeiert. Die protestantischen Christen feiern diesen Tag unter dem Namen »Trinitatis«. Der Begriff »Dreifaltigkeit« sagt uns: Wir glauben an Gott, an Jesus und an den Heiligen Geist, drei verschiedenartige, aber gleichwertige Personen des einen Gottes. Gott zeigt sich uns in Jesus, der als Mensch geboren wurde und auf der Welt lebte, und durch seine Kraft, den Heiligen Geist, der z.B. an Pfingsten in Feuerzungen auf die Jünger herabkam. In katholischen Gegenden wird der Dreifaltigkeitstag mit Prozessionen gefeiert, die durch die Straßen ziehen.

Vorbereitung:

Die Pädagogin/der Pädagoge versucht, den Kindern den Begriff »Dreifaltigkeit« näher zu bringen. Dazu zeigt sie/er auch Darstellungen aus verschiedenen Jahrhunderten. Sie/er bittet die Kinder ein Bild zu malen, wie sie sich die drei Personen des einen Gottes vorstellen.

Malmeditation:

Leise Musik läuft im Hintergrund. Eine große Kerze brennt mitten im Gruppenraum.
Die Kinder sitzen an Tischen und malen ihre Gedanken zum Thema »Dreifaltigkeit«.
Die fertigen Bilder werden an einer Stellwand aufgehängt.

Gebet:

Lieber Gott,
sieh auf unsere Bilder,
die wir mit großer Aufmerksamkeit gemalt haben.
Du bist Gott – in drei Personen:
Vater, Sohn und Heiliger Geist.
Wir glauben daran.
Es ist ein Geheimnis, für uns Menschen nie erfassbar.
Doch wir wissen und vertrauen:
Du bist die Liebe.

Lied:

Gott ist dreifaltig einer

Fronleichnam

Das ist mein Leib, der für euch hingegeben wird.
Tut dies zu meinem Gedächtnis!

Lukasevangelium 22,19

Das Fronleichnamsfest ist ein katholisches Fest und wird am Donnerstag nach dem Dreifaltigkeitsfest begangen. Der Name leitet sich von den alten Worten »fron« für »Herr« und »lichnam« für »lebender Leib« ab und bedeutet: der Leib des Herrn.
Das Fest erinnert an die Einsetzung des Altarsakramentes (»Das ist mein Leib ... Das ist mein Blut ...«). In Gestalt der geweihten Hostie wird Christus selbst in einer Prozession durch die Stadt geführt. Die geweihte Hostie wird dabei – häufig unter einem Baldachin, ursprünglich ein Herrschaftszeichen von Monarchen – in einer Monstranz aufbewahrt.

Vorbereitung:

Die Pädagogin/der Pädagoge erklärt den Kindern den Begriff »Fronleichnam« und schildert das Letzte Abendmahl Jesu mit seinen Jüngern. Dann spricht sie/er von der Fronleichnamsprozession und zeigt Bilder und Fotos von Prozessionen an diesem Tag in verschiedenen Landesteilen und evtl. auch Jahrhunderten. Die Pädagogin/der Pädagoge hat mit dem Küster oder Sakristan einen Termin für einen Besuch in der Sakristei ausgemacht.

Sakristeibesuch:

Bei ihrem Besuch in der Sakristei darf die Gruppe in den Tresor sehen, in dem die Kelche, Hostienschalen und auch die Monstranz (vielleicht auch mehrere aus verschiedenen Jahrhunderten) aufbewahrt werden. Der Sakristan nimmt

die Monstranz heraus. Die Kinder dürfen sie aus der Nähe betrachten und Fragen stellen.
Der Sakristan zeigt ihnen auch den Festumhang des Priesters für diesen Tag und – falls vorhanden – den Baldachin.

Fronleichnamsprozession:

Pädagogin/Pädagoge, Kinder und Eltern nehmen gemeinsam an der Fronleichnamsprozession teil.

Gebet:

Lieber Gott,
beim Letzten Abendmahl hast du das Brot gebrochen,
es deinen Jüngern gegeben und gesagt:
»Nehmt und esst alle davon, das ist mein Leib.
Tut dies zu meinem Gedächtnis!«
In der geweihten Hostie bist du in jedem Gottesdienst
bei uns. Wir danken dir dafür.

Lied:

Wo zwei oder drei

Mariä Himmelfahrt (15. August)

Ich bin eine Blume auf den Wiesen des Scharon, eine Lilie der Täler.

Hohelied 2,1

Das Hochfest »Mariä Himmelfahrt« ist für die katholische Kirche Ausdruck ihres Glaubens, dass Maria mit ihrem Leib in den Himmel aufgenommen wurde.
Viele Legenden erzählen von der Himmelfahrt Marias. Nach einer Überlieferung öffneten die Jünger das Grab und fanden darin nicht ihren Leichnam, sondern Blüten und Kräuter. Traditionell finden daher seit Jahrhunderten in vielen katholischen Kirchen Kräuterweihen statt: Aus sieben verschiedenen Kräutern werden Sträuße gebunden und zur Weihe gebracht. Die Kräutersträuße werden dann zu Hause an der Wand oder auf dem Dachboden aufgehängt: Sie sollen gegen Krankheiten, Unglück und Gewitter helfen.

Vorbereitung:

Die Pädagogin/der Pädagoge erzählt den Kindern vom Fest »Mariä Himmelfahrt« und von der Kräuter-Legende. Dann sammelt die Gruppe gemeinsam auf einem Spaziergang Kräuter – keine Blumen. Vielleicht können auch die Eltern noch Kräuter zur Verfügung stellen. Aus den gesammelten Kräutern binden die Kinder Sträuße. Diese werden dann an Stöcke gebunden und sollen im Rahmen einer Feier in der Kirche gesegnet werden.

Segnung der Kräutersträuße:

Die Kinder gehen mit ihren Kräutersträußen in die Kirche. Der Pfarrer spricht das Weihegebet und segnet die Kräuter. Nach einem gemeinsamen Lied verlässt die Gruppe die Kirche und geht zurück in den Gruppenraum. Am Ende des

Tages darf jedes Kind den selbst gebundenen Kräuterstrauß mit nach Hause nehmen. Dort ist er ein schöner Schmuck für den Familientisch.

Gebet:

Lieber Gott,
am Fest der Aufnahme deiner Mutter
in den Himmel
danken wir dir für die Schöpfung.
Segne die Kräuter,
die wir mitgebracht haben,
und segne uns alle.

Lied:

Freu dich, du Himmelskönigin

Fest des Erzengels Michael (29. September)

Michael und seine Engel erhoben sich, um mit dem Drachen zu kämpfen.

Offenbarung des Johannes 12,7

Die Engel werden die Boten Gottes genannt. Als Geistwesen sind sie auf Gott ausgerichtet, dienen und loben ihn. Drei Engel werden in der Bibel namentlich erwähnt. Sie werden als Heilige verehrt und »Erzengel« genannt: Gabriel, Raphael und Michael. Michael ist ein streitbarer Engel. Ihn betraut Gott mit Aufgaben, die besondere Kraft erfordern: Er ist nach der Überlieferung der Engel, der Adam und Eva mit dem Schwert aus dem Paradies treibt; er hindert Abraham daran, seinen Sohn Isaak zu töten, und teilt das Rote Meer beim Auszug der Israeliten aus Ägypten. In der Offenbarung des Johannes erfüllt Michael eine besondere Aufgabe beim Jüngsten Gericht: Seine Posaune erweckt die Toten aus den Gräbern.

Vorbereitung:

Die Pädagogin/der Pädagoge spricht mit den Kindern über die Engel, die Boten Gottes, erzählt vom Erzengel Michael und zeigt Darstellungen von ihm. Michael ist ein Engel voller Stärke und Kraft. Das wird bei vielen Ereignissen, die in der Bibel erzählt werden, deutlich. Der Erzengel Michael wird heute als Beschützer der Menschen verehrt, die es im Leben besonders schwer haben, z.B. Kranke und Behinderte.
Die Pädagogin/der Pädagoge lädt die Kinder ein zum Gespräch über kranke und behinderte Menschen. Die Kinder erzählen aus ihren Familien und aus ihrem Lebensumfeld: von der Schwester im Rollstuhl, vom geistig behinderten Bruder, von der bettlägrigen Nachbarin …

Die Gruppe beschließt einen Menschen, der an den Rollstuhl gebunden ist, in die Gruppe zu einem Gespräch einzuladen. Die Kinder möchten mehr vom Lebensalltag eines Behinderten erfahren. Die Kinder gestalten eine Einladungskarte.

Gespräch mit einem Menschen im Rollstuhl:

Die Kinder begrüßen ihren Gast mit einem Lied. Dann erzählen sie ihrem Gast vom Erzengel Michael, der Menschen beschützt, die besonders viel Kraft im Leben brauchen. Sie bitten ihren Gast aus seinem Leben zu erzählen, fragen nach Details (Fahren durch Türen und über Stufen; wie die Wohnung aussieht; wie andere Menschen auf den Rollstuhl reagieren ...). Der Gast erklärt ihnen auch den Rollstuhl. Zum Abschluss des Besuches spricht die Pädagogin/der Pädagoge ein Gebet. Die Kinder singen ein Lied und begleiten ihren Gast hinaus.

Gebet:

Heiliger Michael,
wir haben heute Besuch.
N.N. ist zu uns gekommen.
Sie/er hat uns viel aus ihrem/seinem Leben erzählt.
Du bist ein Engel der Stärke, der Menschen beschützt,
deren Alltag viel Kraft kostet.
Bleibe bei allen Menschen, die deine Begleitung brauchen.

Lied:

Einer bin ich

Erntedankfest

Solange die Erde besteht, sollen nicht aufhören Aussaat und Ernte.

Genesis 8,22

Das Erntedankfest beinhaltet die naturhaften Erfahrungen von Wachsen, Reifen, Fruchtbringen und Ernten. Viele Religionen betrachten die Früchte der Erde und der menschlichen Arbeit als ein Geschenk Gottes. Menschen, die sich als Teil der Schöpfung verstehen, möchten Gott nach der Ernte Dank sagen.
In der katholischen Kirche wird das Erntedankfest im Rahmen eines Gottesdienstes meistens am ersten Sonntag im Oktober gefeiert. Obst, Gemüse, Getreide und Brot schmücken den Altarraum oder werden im Gottesdienst zum Altar gebracht.

Vorbereitung:

Die Pädagogin/der Pädagoge macht mit der Gruppe einen Spaziergang in die Natur. Welche Früchte sind reif? Was wird damit/daraus gemacht?
Die Pädagogin/der Pädagoge erzählt den Kindern vom Erntedankfest, dem Dank an Gott für die Gaben der Schöpfung. Sie/er bittet die Kinder, am folgenden Tag Gemüse, Obst oder Getreide mitzubringen.
Die Gruppe sitzt im Stuhlkreis. Die Kinder zeigen ihre mitgebrachten Gaben. Gemeinsam werden alle Frucht-, Gemüse- und Getreidesorten benannt.
Wo wachsen die einzelnen Gaben? Wie wurden sie früher, wie heute geerntet und verarbeitet? Die Pädagogin/der Pädagoge nimmt einen Laib Brot in die Hand und erklärt anhand des Brotbackens, mit wie viel Mühe sich die Menschen früher ihr tägliches Brot erarbeiteten.
Dann gestaltet die Gruppe einen Erntedanktisch.

Erntedankfeier:

Die Kinder versammeln sich um den Erntedanktisch. Die Pädagogin/der Pädagoge spricht zu den Kindern vom aufmerksamen Umgang mit der Schöpfung Gottes: Wir müssen sie schützen, nicht zerstören. Wir leben im Überfluss, viele Menschen hungern.
Mit einem Gebet und einem Lied dankt die Gruppe Gott für die Gaben der Natur.
Dann bereiten die Kinder aus den Früchten, dem Brot und dem Gemüse ein Essen zu, das an herbstlich gedeckten Tischen gemeinsam gegessen wird.

Gebet:

Lieber Gott, ich danke dir,
ich habe im Überfluss zu essen und zu trinken.
Jeden Tag kann ich gesättigt und froh leben.
Vielen Kindern auf dieser Welt geht das nicht so:
Sie haben Hunger, sie haben Durst.
Hilf bitte diesen Kindern, Gott.

Lied:

Jeder Teil dieser Erde

Kirchweih

Ich umschreite, Herr, deinen Altar.

Psalm 26,6

Das Fest der »Kirchweih« wird in der katholischen und protestantischen Kirche am dritten Sonntag im Oktober gefeiert. Ursprünglich wurden an diesem Festtag ein Altar eingeweiht und Reliquien übertragen, manche Gemeinden feiern auch das Fest des Schutzheiligen der Kirche. Dieser Feiertag fällt in die Zeit nach der Ernte: Früher fanden deshalb neben den religiösen Feiern auch Volksfeste statt, »Kirtag«, »Kirbe« oder »Kirmes« genannt, an denen drei Tage lang gegessen und getanzt wurde. Viele der heutigen großen Volksfeste haben in dieser Tradition ihren Ursprung.

Tanz zur Kirchweih:

»Spannenlanger Hansel, nudeldicke Dirn.
Gehn wir in den Garten, schütteln wir die Birn'.
Schüttel ich die großen, schüttelst du die klein',
wenn das Sackerl voll ist, gehn wir wieder heim.

Lauf doch nicht so närrisch, spannenlanger Hans.
Ich verlier die Birnen und die Schuh noch ganz.
Trägst ja nur die kleinen, nudeldicke Dirn,
und ich schlepp den schweren Sack mit den großen Birn'.«

Die Kinder stehen im Kreis.
- »Spannenlanger Hansel«: Die Kinder gehen gegen den Uhrzeigersinn auf der Kreisbahn.
- »Nudeldicke Dirn«: Die Kinder gehen zurück zum Ausgangspunkt.
- »Gehn wir in den Garten«: Die Kinder gehen zur Mitte.
- »Schütteln wir die Birn'«: Die Kinder gehen zurück auf die Kreisbahn.

- »Schüttel ich die großen, schüttelst du die klein'«: Die Kinder »schütteln« mit ihren Händen die Bäume.
- »Wenn das Sackerl voll ist«: Alle Kinder gehen im Uhrzeigersinn auf der Kreisbahn.
- »Gehn wir wieder heim«: Alle Kinder gehen gegen den Uhrzeigersinn zurück zum Ausgangspunkt.

Meditativer Tanz:

Auf dem Boden des Gruppenraumes liegt Herbstlaub. Im Hintergrund läuft meditative Musik oder eine CD mit Naturgeräuschen. Die Kinder stehen verteilt im Raum mit genügend Platz um sich. Die Kinder folgen mit ihren Bewegungen den Vorgaben der Pädagogin/des Pädagogen: Sie schwingen die Arme und Hände – das sind die Äste und Zweige der Bäume – im Wind. Sie greifen ins Herbstlaub und lassen es zu Boden fallen.

Gebet:

Lieber Gott,
bei uns ist Kirchweih, ein Fest der Freude.
Ich besuche mit meinen Eltern die Kirmes
und wir haben viel Spaß.
Auch die Natur hat jetzt ihr buntes Kleid angelegt
und leuchtet in vielen kräftigen Farben.
Lieber Gott, wir danken dir für die Freude und die Schöpfung.

Lied:

Laudato si

Reformationstag (31. Oktober)

Ein feste Burg ist unser Gott.

Martin Luther

Dieser Tag wir von den evangelischen Christen im Gedenken an die Reformation gefeiert. Nach der Überlieferung schlug der Mönch Martin Luther im Jahr 1517 am Tag vor Allerheiligen 95 Thesen zum Ablasshandel und zur Buße an die Tür der Schlosskirche zu Wittenberg, um mit anderen Gelehrten darüber zu diskutieren. Er vertrat die Ansicht, dass der Mensch nicht durch Ablassgelder von der Sünde erlöst würde, sondern dass dies schon durch den Tod Jesu am Kreuz geschehen sei. Mit diesem Aufruf zur Diskussion leitete er die Reformation ein. Martin Luther übersetzte die Bibel in die deutsche Sprache, machte sie so für viele Menschen zugängig.

Vorbereitung:

Die Kinder gestalten gemeinsam eine Gruppenbibel. Die Pädagogin/der Pädagoge legt den Kindern verschiedene Kinderbibeln vor. Die Kinder betrachten die Bilder; Fragen werden von der Pädagogin/dem Pädagogen beantwortet. Einige Geschichten der Bibel sind den Kindern vertraut, andere werden nach Nachfrage erzählt. Je zwei Kinder wählen sich eine Geschichte aus und gestalten eine Seite der Gruppenbibel. Dazu liegen Papier, Schere, Klebstoff, Stifte etc. bereit.
Die fertig gestellten Geschichten werden in der Gruppe vorgestellt und dann von der Pädagogin/dem Pädagogen zu einem Buch gebunden und mit einem schönen Umschlag versehen.

Feier zum Reformationstag:

Die Gruppenbibel liegt auf einem schönen Tuch auf einem Tisch im Gruppenraum.

Im Hintergrund läuft leise Musik. Die Gruppe steht um den Tisch herum. Die Kinder betrachten ihr Werk. Die Pädagogin/der Pädagoge spricht noch einmal davon und die Kinder wissen es: Die Bibel ist das Buch, in dem die Geschichten von Gott und Jesus aufgeschrieben sind. Die Kinder haben die Geschichten erfahren, haben sie aufgemalt und geben sie so an andere Menschen weiter. Die Pädagogin/der Pädagoge berichtet von Martin Luther, der die Bibel in Worte übersetzte, die erstmals viele Menschen verstehen konnten: Gottes Wort wurde für sie erfahrbar; sie konnten es an viele andere Menschen weitergeben.

Die Gruppenbibel bekommt einen Ehrenplatz im Raum und darf jederzeit von den Kindern geholt und betrachtet werden.

Gebet:

Lieber Gott, wir haben viele Geschichten, die wir aus der Bibel kennen,
in unsere Gruppenbibel aufgenommen und gestaltet.
Segne unsere Gruppenbibel.
Lass viele Menschen durch unsere Gruppenbibel Freude erfahren,
lass sie durch unsere Bilder immer wieder Neues und Vertrautes von dir entdecken und weitergeben.

Lied:

Herr, gib uns Mut zum Hören

Halloween (31. Oktober)

Dankt dem Vater mit Freude!

Brief an die Kolosser 1,12

In den angelsächsischen Ländern ist es Brauch, in der Nacht zum 1. November »Halloween« zu feiern. Entwickelt hat sich dieses Fest aus dem keltischen Neujahrstag (1. November) und dem Samhain-Fest, einem Erntedankfest zum Jahresende. Im 20. Jahrhundert wurde Halloween in den USA zum »Fest des Grauens«. Kinder gehen an diesem Abend verkleidet von Haus zu Haus und sagen: »Trick or treat«. Bekommen sie keine Süßigkeiten, wollen sie sich mit einem Streich dafür rächen. Die Kinder tragen einen ausgehöhlten und mit einem grimmigen Gesicht versehenen Kürbis bei sich, der durch eine Kerze erhellt ist: »Jack-o-Lantern«. Die Legende erzählt vom Trunkenbold Jack, der vom Teufel nicht in die Hölle gelassen wurde. Er gab ihm eine glühende Kohle mit, die Jack in einer Zuckerrübe aufbewahrte, damit sie nicht verlöschte. Seit dieser Zeit spukt er ruhelos durch die Welt.

Vorbereitung:

Die Gruppe möchte zu Halloween gemeinsam übernachten. Die Pädagogin/der Pädagoge erzählt vom Ursprung dieses Festes, vom Trunkenbold Jack, und zeigt Bilder. Die Kinder planen und fertigen – mit Hilfe der Eltern – ihre Kostüme und die Raumdekoration. Kürbisse werden ausgehöhlt und mit grimmigen oder auch lachenden Gesichtern versehen.

Halloweenfest:

Die Eltern verbringen den Abend zusammen mit ihren Kindern. Den Kindern durch die Bilder und Erzählungen vertraute Geister treten auf und machen ihnen jetzt keine Angst mehr. Es wird gespielt und gemeinsam gegessen. Für die Nacht hat jedes Kind seinen Schlafsack mitgebracht. Einige wenige Eltern bleiben, um die Pädagogin/den Pädagogen bei der Betreuung der Kinder zu unterstützen. Nun werden Geistergeschichten erzählt, ihr Ursprung näher erklärt. Ängstliche Kinder kommen in einem separaten Raum mit leiser Musik zur Ruhe. Den Abschluss des Abends bildet ein Gebet.

Gebet:

Lieber Gott, heute, an Halloween,
haben wir uns als Geister verkleidet.
Wir gruseln uns ein wenig, doch wir haben keine Angst.
Wir haben erfahren, wie und wo all diese Geschichten
entstanden sind.
Wir danken dir, Gott, für diesen schönen Abend.
Bleibe bei uns in dieser Nacht. Halte uns in deiner
schützenden Hand.

Lied:

Gib uns Frieden jeden Tag

Allerheiligen (1. November)
Allerseelen (2. November)

Gott, du allein bist heilig, dich ehren wir,
wenn wir der Heiligen gedenken.

Aus dem Gottesdienst zum Fest Allerheiligen

An Allerheiligen wird in der katholischen Kirche aller Heiligen, Märtyrer und Verstorbenen gedacht. Die Christen schmücken die Gräber ihrer Angehörigen und entzünden Lichter auf den Gräbern, Symbol für das »Ewige Licht«, das den Verstorbenen leuchtet. Beim »Gräberumgang«, einer feierlichen Prozession durch die Reihen der Gräber, erteilt der Priester den Segen.
Am Fest Allerseelen wird aller Verstorbenen gedacht.

Vorbereitung:

Die Pädagogin/der Pädagoge spricht vom Fest Allerheiligen und fragt die Kinder nach ihren Erfahrungen mit dem Thema Tod. Die Kinder erzählen von Familienmitgliedern oder auch Haustieren, die verstorben sind. Die Pädagogin/der Pädagoge zeigt den Kindern Bilder von Friedhöfen und Gräbern. Gemeinsam wird erarbeitet, welche Gegenstände zu diesem Ort gehören: Grab, Grabstein, Blumen, Kreuz, Totenhalle ... und wie man sich auf dem Friedhof verhält.
Die Gruppe beschließt, gemeinsam einen Friedhof zu besuchen.

Besuch eines Friedhofs:

Bevor die Gruppe den Friedhof betritt, weist die Pädagogin/der Pädagoge die Kinder noch einmal darauf hin, dass dies ein Ort der Ruhe und Stille ist. Auf einem kleinen Rundgang werden die Gräber genau betrachtet. Die Pädagogin/der Pädagoge weist die Kinder auf die Menschen hin, die die Gräber pflegen oder ruhig vor den Gräbern stehen und beten. Am Ende des Rundgangs betet die Gruppe gemeinsam.

Gebet:

Lieber Gott,
bei unserem Rundgang über den Friedhof
mussten wir alle an jemanden denken,
den wir sehr lieb gehabt haben und der jetzt tot ist:
die Oma, den Opa, die Tante, den Onkel ...
Wir besuchen hier ihre Gräber, beten und denken an sie.
Lieber Gott, lass sie jetzt alle für immer bei dir sein.

Lied:

Möge die Straße

Fest des heiligen Martin (11. November)

Amen, ich sage euch:
Was ihr für einen meiner geringsten Brüder getan habt, das habt ihr mir getan.

Matthäusevangelium 25,40

Der heilige Martin wurde um das Jahr 316 als Sohn eines römischen Hauptmanns in Sabaria geboren. Auf Wunsch des Vaters wurde er Soldat. Nach der Legende schenkte er am Stadttor von Amiens die Hälfte seines Soldatenmantels einem Bettler. In der folgenden Nacht erschien ihm Christus mit dem Mantelstück bekleidet. Mit 18 Jahren verließ Martin das Militär und ließ sich von Hilarius, dem Bischof von Poitiers, taufen. 371 wurde Martin auf Drängen des Volkes Bischof von Tours. Nach der Legende hatte er sich in einem Stall versteckt, um der Wahl zu entgehen. Doch das Schnattern der Gänse verriet ihn. Bischof Martin war gerecht und sorgte sich um die Menschen in seinem Bistum. Er verzichtete auf alle Privilegien und lebte asketisch. Er starb auf einer Missionsreise im Jahr 397 in Candes und wurde am 11. November in Tours begraben.

Vorbereitung:

Die Pädagogin/der Pädagoge erzählt den Kindern vom heiligen Martin, seinem uns bekannten Leben und den Legenden. Besonders hervorgehoben wird der Akzent: Auch wir können Menschen helfen.
Gemeinsam wird das Brauchtum erarbeitet, das zum Festtag des Heiligen gehört: Laterne, Mantelteilung, Martinsgans ...

Die Kinder basteln eine Laterne, schneiden Martinsgänse aus Papier aus und kleben sie an die Scheiben des Gruppenraumes und backen gemeinsam ein für die Region typisches Martinsgebäck.

Feier zum Fest des heiligen Martin:

Die Kinder und ihre Eltern treffen sich mit den anderen Kindern der Gruppe und der Einrichtung und veranstalten gemeinsam einen Martinszug. Sankt Martin auf dem Pferd und eine Musikkapelle begleiten sie durch die nahen Straßen. Nach dem Umzug wird im Garten der Einrichtung in einem kleinen Spiel an die Mantelteilung erinnert. Dann teilen die Kinder das selbst gebackene Gebäck oder Brot mit den anderen Kindern und den Eltern.

Gebet:

Lieber Gott, wir danken dir für diesen schönen Tag,
an dem wir besonders an den heiligen Martin denken.
Wir haben zu essen, warme Schuhe und Kleidung.
Unsere Eltern und Geschwister sind bei uns,
wir sind beschützt, müssen nicht frieren.
Hilf uns, lieber Gott, dass wir wie der heilige Martin
auch an die Menschen denken, denen es nicht so gut geht.

Lied:

Sankt Martin

Buß- und Bettag

Mach also Ernst und kehr um!

Offenbarung des Johannes 3,19

Der Buß- und Bettag ist in Deutschland ein Feiertag der evangelischen Kirche und wird am Mittwoch vor dem letzten Sonntag im Kirchenjahr begangen. Der Brauch der Buß- und Bettage geht schon auf die Antike zurück: In Krisenzeiten sollte eine besondere Sühne die Götter gnädig stimmen. Aus der Fülle der Buß- und Bettage, die sich in der Kirche entwickelten, führte die evangelische Kirche 1934 einen einheitlichen Buß- und Bettag ein: In Gottesdiensten werden die Menschen zu Umkehr und Besinnung aufgerufen.

Vorbereitung:

Die Pädagogin/der Pädagoge spricht mit den Kindern über den Begriff »Buße«: Wo habe ich etwas gesagt/getan, was nicht in Ordnung war? Denke ich darüber nach (Besinnung)?
Möchte ich einen neuen Anfang machen (Umkehr)? Die Pädagogin/der Pädagoge und die Kinder gehen in den Garten und suchen jeder einen Stein. Den nehmen sie mit in den Gruppenraum. Jedes Kind erhält von der Pädagogin/dem Pädagogen ein Teelicht.

Meditation am Buß- und Bettag:

Die Gruppe sitzt im Kreis auf dem Boden. Leise Meditationsmusik läuft im Hintergrund. In der Mitte des Kreises steht auf einem Tuch eine brennende Kerze. Die Pädagogin/der Pädagoge hält ihren/seinen Stein hoch und erklärt den Kindern, dass Steine sehr schwer sein können, eine Last für jeden, der sie tragen muss. Manchmal machen die

Menschen in ihrem Leben etwas nicht richtig. Dann tut ihnen das Leid. Es belastet sie wie ein Stein. Alle nehmen nun ihren Stein in die Hand und denken darüber nach, wie die Steine aussehen, die sie belasten.
Nach kurzer Stille legt die Pädagogin/der Pädagoge ihren/seinen Stein auf das Tuch neben die brennende Kerze und nennt dabei etwas, das sie/er nicht ganz richtig gemacht hat. Dann lädt sie/er auch die Kinder ein, dies zu tun. Kinder, die nichts sagen möchten, sagen es im Stillen Gott und legen den Stein dann neben die Kerze.

Anschließend sagt die Pädagogin/der Pädagoge, was sie besser machen möchte, entzündet ihr/sein Teelicht an der Kerze und stellt es zu den Steinen. Dann lädt sie/er auch die Kinder dazu ein. Wer nichts sagen möchte, sagt es im Stillen Gott, zündet das Teelicht an der Kerze an und stellt es auf das Tuch.

Gebet:

Lieber Gott,
manchmal tun oder sagen wir Dinge,
die nicht in Ordnung sind.
Wir zanken uns, wir schlagen zu ...
Wir bitten dich um deine Vergebung, Gott.
Wir wollen versuchen, es besser zu machen.

Lied:

Hilf, Herr meines Lebens

Fest der heiligen Barbara (4. Dezember)

Im Anfang schuf Gott Himmel und Erde.

Genesis 1,1

Die heilige Barbara lebte wahrscheinlich am Ende des 3. Jhs. n. Chr. in Nikomedia. Ihr Vater, ein reicher Kaufmann, sperrte sie stets allein in einen Turm, wenn er verreiste. Während einer dieser Reisen ließ sie sich taufen. Sie wurde von ihrem Vater an den römischen Statthalter ausgeliefert und nach dem Urteil vom Vater enthauptet. Viele Bräuche zeigen die große Verehrung, die dieser Heiligen über die Jahrhunderte entgegengebracht wurde und wird. Am bekanntesten sind die »Barbarazweige«: Am Barbaratag werden Zweige von Apfel- oder Kirschbäumen geschnitten und in warmes Wasser gestellt. Blühen sie an Weihnachten, wird das als gutes Zeichen für die Zukunft gesehen. Die Legende erzählt, dass Barbara während ihrer Gefangenschaft einen verdorrten Kirschbaumzweig mit Wasser aus ihrem Trinkbecher benetzte, und der Zweig dann zu blühen begann.

Vorbereitung:

Die Kinder sitzen mit der Pädagogin/dem Pädagogen im Kreis auf dem Boden. Die Pädagogin/der Pädagoge erzählt die Legende der heiligen Barbara. Dann bittet sie/er die Kinder, ruhig zu werden, und nimmt einen Gong in die Hand.

Kindermeditation:

Ich lade dich ein, heute mit mir zurück zum Anfang unserer Zeit zu gehen.
Am Anfang war die Stille. Nichts war da, nichts war zu hören und zu sehen.

Es war dunkel, so dunkel, dass du vielleicht erschrickst, wenn du es dir vorstellst.
Schließe deine Augen und stell dir diese Dunkelheit vor.
(einige Sekunden Stille)
In diese Dunkelheit dringt nun eine Kraft *(die Pädagogin/ der Pädagoge schlägt auf den Gong)*,
du kannst es hören. Vielleicht kannst du auch etwas von dieser Kraft spüren.
Etwas Neues beginnt.
Ganz allmählich wird in der Dunkelheit ein Licht sichtbar.
Es breitet sich aus. Aus der Dunkelheit wird Licht.
(einige Sekunden Stille)
So beginnt das Leben; das Leben braucht das Licht.
Ein Lichtstrahl wird dir geschenkt und kommt zu dir.
In diesem Lichtstrahl siehst du einen Zweig.
Der Zweig ist kahl, ohne Blätter und Blüten.
Es ist ein Zweig von einem Apfel- oder Kirschbaum – ein Barbarazweig.
Das Licht und seine Wärme lassen ihn aufblühen,
Blätter und Blüten brechen hervor.
Wie kostbar und gut ist das Licht.
(einige Sekunden Stille)
Öffnet nun eure Augen,
reckt und streckt euch,
steht dann auf und lauft herum.
Wir wollen gleich in den Garten gehen
und Barbarazweige schneiden.

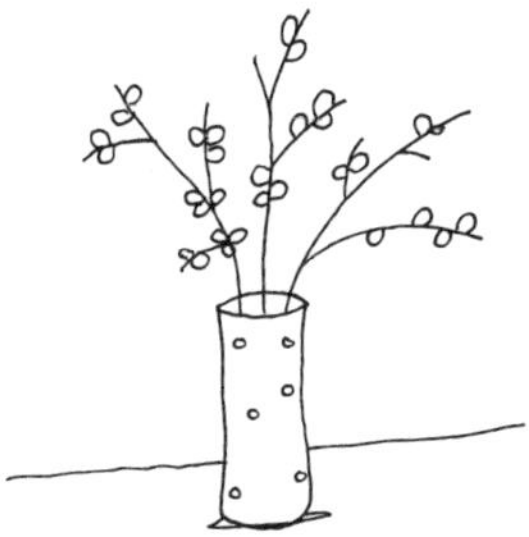

Gebet:

Lieber Gott,
wir danken dir für das Licht und die Wärme,
die wir zum Leben brauchen.
Kahle Zweige schlagen im Winter aus,
Blätter und Blüten wachsen.
Wir erfreuen uns daran.
Danke für dieses Geschenk.

Lied:

Lasst uns miteinander

Christkönigsfest / Totensonntag

Jesus Christus ..., der König der Könige und Herr der Herren.

1. Brief an Timotheus 6,14f.

Am letzten Sonntag des Kirchenjahres feiern die katholischen Christen das »Christkönigsfest« in Erinnerung an die Macht und die Herrlichkeit Jesu Christi.
Die evangelischen Christen begehen an diesem Tag den »Totensonntag«, den Feiertag zur Erinnerung an alle Verstorbenen.

Vorbereitung:

Die Kinder tragen ihre Vorstellungen zum Begriff »König« zusammen (Macht, schöne Kleidung, Reichtum ...). Dann zeigt die Pädagogin/der Pädagoge Bilder von Königen aus verschiedenen Jahrhunderten und stellt sie näher vor.
Anschließend hält sie/er ein großes Blatt Papier hoch, auf das sie/er die Umrisse des Brustbildes eines Mannes gemalt hat; er trägt eine Krone auf dem Kopf, in der einen Hand ein Zepter, in der anderen die Weltkugel. An seiner Brust hängt ein Kreuz. Gemeinsam erarbeitet die Gruppe, dass dies ein Bild von Christus ist, dem Herrscher über die ganze Welt.
Die Kinder dürfen nun gemeinsam das Bild ausmalen. Dann erhält es an der Wand des Gruppenraumes einen Ehrenplatz.

Feier zum Christkönigsfest:

Die Gruppe versammelt sich vor dem Bild. Die Pädagogin/der Pädagoge lädt ein zum Gespräch über Jesus Christus, der alle Menschen liebt, besonders auch die Kinder, der Armen und Kranken hilft und sich für Gerechtigkeit und Frieden einsetzt.

Die Kinder erzählen von Geschichten aus der Bibel. Dann spricht die Pädagogin/der Pädagoge ein Gebet und die Gruppe singt zum Abschluss der Feier ein Lied.

Gebet:

Lieber Gott,
dein Sohn Jesus Christus,
der mächtiger ist als alle Mächtigen
und Reichen dieser Welt,
liebt uns alle, hilft den Armen und Kranken
und wünscht allen Menschen den Frieden.
Wir danken dir dafür, dass du deinen Sohn
zu uns gesandt hast.

Lied:

Herr, gib uns deinen Frieden